高情商沟通，孩子才不受伤

何贤桂 著

中国法制出版社
CHINA LEGAL PUBLISHING HOUSE

我们需要为孩子做哪些改变

小　巫

我的两个孩子都不在公立学校上学，我对公立学校的老师没有任何感性认识。从其他家长那里听说了很多传言，负面信息远远多于正面，如有的家长给老师送礼，老师经常呵斥惩罚孩子，老师会向家长告状、给家长施加压力，等等。加上众所周知的公立学校课业繁重、竞争激烈，孩子们苦不堪言，我对公立学校及其老师一向敬而远之。

何贤桂老师写了这么一本书，引起了我的好奇。在大家的印象中，老师和家长之间总是存在很多偏见、误解和芥蒂，彼此之间甚至有很多不满。如何架起双方之间的沟通桥梁，倒还真的很少有人深入探讨过这个话题。

读完何老师的书，第一个感叹是何老师真不愧是通过多年实践锤炼出来的专业人士，百炼成钢了！透过文字，我们能够深切地感受到他的爱心、耐心、细腻、体贴。何老师通过生动有趣的实例，将家长与老师沟通的必要性，沟通的内容和方法，以及如何养育孩子等方面的内容写得细致入微，并且叮咛、嘱咐、强调，掰开了，揉碎了，讲完故事做分析，分析之后再一一罗列出温馨小贴士，堪比一部家校沟通大全。但这恰好是读者需要的“婆婆妈妈”，这本书虽然是讲家长与老师的沟通，但涉及的不仅仅是成年人之间的事，而更多地谈到了成年人与孩子之间的微妙关系。

曾经有家长这样评价我：“小巫就像是孩子们的辩护律师，永远站在孩子的立场上考虑问题。”读何老师的书，我也有这样的感觉，何老师也像是孩子们的辩护律师一样，一切以孩子的健康发展为基点，站在孩子的角度来诠释他们的内心和表现，呼吁老师和家长共同尊重孩子、理解孩子、关爱孩子，并以此为基础进行有效的沟通。

家长和老师沟通，目的是使孩子更加健康快乐地成长，这样看来，成年人之间是同盟，是协作关系，既不应互相推诿，也不应互相掣肘。何老师在书中强调了这样一个观点：**教育的秘诀不是一个人苦撑**。比如，家长可以在老师面前倾诉教育孩子的苦恼，与老师分享教育孩子的快乐，与老师聊聊生活压力，与老师谈谈自己的教育方式和对孩子的期望，甚至在老师面前哭泣也不是弱者的表现。俗话说：“众人拾柴火焰高。”一个人的力量毕竟有限，教育需要大家一起努力。任何一个孩子的健康成长，都不是一个人苦撑起来的，而是整个家庭和学校共同努力的结果。

我想，任何真正爱护儿童的成年人，都会不由自主地把自己放在孩子的辩护律师这个位置上来思考和行动。这其实提高了对老师和家长的要求，而他们要想真正理解孩子的需求，必须在沟通中言之有物且态度友好。何老师指出，**有些家长见到老师不知道说些什么好，或者仅仅将注意力放在孩子的学习上，除了学习外不知道还能跟老师讨论些什么。这大概是家长和老师沟通时的通病**。我自己孩子的学校中就有不少这样的家长，每到教师家长见面会时，事无巨细地追问孩子的学习情况。闹得每次新老师见了我，也以为我是同类家长，干脆主动向我详细汇报孩子的学习情况。我则打断他们，告诉他们学习是我最不关注的事情，我们聊别的。

见到老师只谈学习，典型地体现了家长不了解孩子的成长规律，也不理解孩子诸多方面的需求，只是片面地将老师当作教书机器，将孩子当作考试机器。讨论孩子的学习无非是按照家长自制的使用说明书，检查这两台机器的零件是否生锈。

遗憾的是，老师和孩子都不是机器，家长的自制说明书也查不出其运作是否良好，更无法控制他们的心理活动和行为表现。何老师提出的新颖观点之一，就是谆谆嘱咐家长，要与老师交流孩子的脾气秉性、兴趣爱好、生活习惯、社交特点和情绪变化，也要及时与老师沟通孩子所处的家庭环境。何老师认为，家长和老师沟通时，“少谈孩子学习问题”，“全面认识孩子是为了更好地沟通”，教育者对孩子的各方面情况掌握得越细致，越能够理解孩子，越能够做到因材施教。当孩子出现意料之外的问题时，老师也能做到临阵不慌，积极应对。我想，如果多一些像何老师这样细心的人，孩子的成长将会更加健康和快乐。

孩子在学业方面的表现，实际上是其家庭氛围及养育方式的副产品。如果孩子在学业方面出现困难，其根本原因往往不在于孩子本身，因此解决方案也往往不是加强他的学习，而是需要改变其身边成年人的教育理念及他们对孩子的态度。很多时候，孩子出现学业方面的障碍，或者行为方面的问题，并非由于老师没教好、没管好，而是老师和家长都不够了解这个孩子，不知道最适合这个孩子的学习方式及沟通方式是什么。孩子被夹在老师和家长中间，觉得谁都不理解他。他既满足不了家长的期望，也满足不了老师的要求，但每个人的矛头还都指向他。可想而知，如果再将压力施加在孩子身上，孩子的心理负担该有多沉重！因此，何老师这样总结说：“我想，每一个清醒的家长都该认真反思一下自己和老师的沟通经历，多从问题的源头思考，尽量少谈孩子的学习问题。”

孩子的改变永远源自其所生活的环境的改变，尤其是成年人教育态度和方式的改变。所以，家长和老师在寻找解决方案的时候，所思考的问题不应该是“要求孩子做些什么”，而是“我需要做些什么改变”。如果你得出这个结论，就没有辜负何老师的一片苦心。

亲爱的读者朋友，我相信你也会跟我一样，从本书里汲取到很多宝贵的思想和方法。虽然这本书好像是写给家长看的，但所有关心孩子教育的成年人，都应该看一看这本书。如果你是一名学龄期孩子的家长，想了解孩子成长的秘密，想快快乐乐地和老师沟通，那我推荐你一定要看一看这本书。如果你是老师，想了解家长和孩子的心理，那这本书对你的工作会大有裨益。

小巫，儿童教育专家，毕业于北京大学，美国罗格斯大学教育学硕士，清华大学特聘讲师，开创“艺术养育”父母培训课程体系，著有《让孩子做主》《接纳孩子》《小巫教你讲故事》等十余本畅销书，当选新浪教育首届“中国榜样家长”。

沟通从尊重孩子开始

我与教育结缘，也许是一种命运的安排。几年前，我到宁波教书。刚进学校，有一个和我年纪相仿的老师曾这样提醒我：现在的家长不好惹。我将信将疑地问他原因，他给我讲了一段自己的经历。比我早一年进入中学教书的他，大概由于缺乏工作经验，在学校遭到一些家长的投诉。家长们向校长反映他上课管不住学生，导致孩子的学习成绩下降，有的家长要求校长更换老师，有的还打电话恐吓老师。

大概是由于这个原因，我对教书育人产生了恐惧心理。于是，我向远在北大的钱理群老师求救。钱老师很快给我回信道："试想，如果连你这样有追求、有理想的老师都留不住，我们的孩子又该怎么办呢？"钱老师的这一番期待，让我对未来有了更多的憧憬。

这些年来，我经常和学生及学生家长打交道，有不少家长告诉我，现在的老师惹不起，如果孩子出现了不合乎学校教育规范的问题（包括成绩不优秀），家长可能会被老师叫去训话。有不少家长最怕接到老师的电话，因为在他们眼里，老师打电话过来，准没好事。每当有家长通过各种渠道向我传递这些信息时，我的心里总是很难过，感觉教育很悲哀。

于是，一个关于家长与老师如何沟通的问题，一直盘绕在我的心里。我经过一番对比、思索，发现家长和老师之间存在一道又宽又深的鸿沟，使得他们无法很好地沟通。这是一道充满偏见的鸿沟，加上长期的不信任和不平等，沟通障碍就自然而然地形成了。

作家温·卡维林说："推心置腹的谈话就是心灵的展示。"有效的沟通应当消除偏见，以平等的姿态对话。我想起我的父亲和老师沟通的一件事。那时，我正好读初二下学期。学校在平整操场，刚好缺小工，我的父亲赶去学校做小工。中午放学后，我像往常一样回家吃饭，可父亲还没回家。等我吃完饭在房间做作业时，父亲回来了。父亲吃饭的时候，跟母亲说起了校长找他谈话的事情。听得出来，校长对父亲说了气话，说我不好好读书，没希望考上重点高中。

我知道这么一件小事情，已经给我的父母增加了许多压力。我想告诉大家：沟通彰显的是心灵的博大，而非身份的特殊。不论是家长还是老师，都应该坐下来好好谈一谈，任何一方都不能用趾高气扬的语气说话，因为这样不仅使得沟通双方在地位上不平等，而且会破坏沟通气氛，影响对方的情绪。

家长和老师是因孩子而有缘走到一起的，双方沟通的最终目的是使孩子快乐健康地成长。孩子由于缺乏生存经验，常常会出现各种不合乎大人意愿的想法和做法，孩子犯错更是常有的事情。在这种情况下，孩子缺乏的是安全感，最需要父母和老师细致入微的关爱。家长和老师的一次有效沟通，可以使孩子信心倍增，重新燃起生活的希望，对未来充满期待。

当然，沟通必定是以尊重为前提，家长和老师既要尊重对方，又要尊重孩子。孩子既非父母的杰作，亦非老师的杰作，家长和老师沟通的目的不是增加孩子的身心负担，而是解放孩子，让孩子像小鸟一样自由飞翔，快乐生活。假如家长和老师的沟通仅仅是为了强化孩子的学习，束缚孩子的自由，不管沟通的效果如何，终究是一种失败的沟通。很显然，孩子是家长和老师间沟通的起点，亦是沟通的终点，一次好的沟通应该从尊重孩子开始。

沟通需要进行必要的对话练习。好在如今已经是对话时代，越来越多的人开始爱上理性对话。家长和老师沟通的时候，最需要平等、理解、换位思考，缺乏这几点，也就谈不上沟通；而这些都需要练习。我想，愉快的沟通或许就在不经意间悄悄开始。

这本书得以出版，非常不容易，我感谢我的父母和兄长。我还要感谢那些关心和帮助我的前辈和朋友，感谢铁歌和狐狸等朋友在我找不到出路的时候，给予我无尽的激励和帮助。他们的付出我怕是这一生都难以忘怀，我也期待自己能够像他们那样帮助周围的人，用微薄之力温暖这世界。

我要感谢与我结缘的父母和孩子们，特别感谢林田一家、铭剑一家、鸿浩一家、萱萱一家、真一一家和佳婕一家，感谢大家的信任和热情帮助。

我还要感谢家庭教育专家小巫女士，她为此书写下了热情洋溢的序言。我要感谢钱理群、肖川、李镇西、李希贵和吴娟瑜五位老师为此书写了真挚的评论。特别是远在台湾的吴娟瑜女士，她热情地鼓励我坚持写下来，以影响更多的家长和孩子。我还要感谢编辑朋友谢源虹女士为此书的出版奔波牵线，忠心感谢中国法制出版社的老师们为此书的出版做了大量的工作。

此时，仿佛小孩子交了作业，正忐忑不安地等待老师的评语，我真心期待这本书能为读者带来些许帮助和温暖。

怎样阅读和使用本书

这是一本适合大众阅读的书，书中引用的材料基本上都是父母们的真实经历，希望能抛砖引玉，引起大家的共鸣。

我翻阅过许多此类书籍，曾经想尝试一种新的写法，使此书既有工具书的实用性，又不乏精彩的故事情节。我想通过材料来说明，家长和老师该如何恰到好处地沟通和交流，以达到合作共赢的目的。所以，我在书中引用了不少真实材料，力图通过讲故事这种通俗易懂的方式使读者了解其中的沟通技巧。

我想告诉大家的是，怎样阅读这本书效果才最好呢？我建议大家以查阅或挑选的方式阅读此书，先浏览一遍目录，有个大致的了解，然后挑选你最喜爱或者最想知道的篇目阅读。别急着从头到尾一口气阅读完，因为这不是小说，你或许会觉得情节不像小说那样跌宕起伏。所以，大家最好像对待工具书那样来阅读本书。

在本书中，我就孩子成长中可能遇到的问题进行了细致的描述，试图通过这些个案告诉读者如何正确地与老师沟通，最终让孩子受益。从表面上看，这些个案分析都单独成篇，但本质上是有内在联系的，即观点和方法的内在统一性，最终告诉读者如何就具体问题进行沟通与分析。因此，当你读完这本书，就能清晰地掌握沟通的理念和方法。

在阅读过程中，大家会发现书中更多地使用了“父母”和“老师”的称呼，而较少使用“家长”，更极少使用“教师”一语，因为“教师”和“家长”不及“老师”和“父母”来得亲切，这样更能拉近彼此的感情。

由于篇幅的关系，书中所提到的某些观点并没有进行深入探讨，我希望大家在阅读的过程中，能够结合生活中所遇到的问题去思考和讨论，找到满意的答案。如果你已为人父母，可以借这本书熟悉一下与老师沟通的方法，将书中所提及的沟通理念和技巧整理出来，以供日后参考。如果你是教育工作者，那你同样可以从此书中获取一些教育理念和沟通技巧。

为了让大家获取更多的教育信息，每个篇目的最后都放上了

"贴心提示"，目的是扩展大家的视野。父母与老师沟通，其实不是为了炫耀口才，而是为了孩子的健康成长。所以，"贴心提示"除了涉及一些沟通技巧外，还涉及一些家庭教育的思想或方法。

这本书语言朴实，因为是大众读物，所以我尽量使用通俗的语言，几乎没有生僻难懂的字眼。另外，这是一本有关教育心得的书，我尽量将自己的感悟表达出来，而很少引用教育名家名言或教育理论。再说，古人写作注重"悟"，从一件件小事情中"悟"出大道理。

这本书中的某些"大道理"或"沟通技巧"都已经在实际生活中应用过，并且收到了良好的效果。刚开始的时候，我只是建议身边的父母们参考书中相关的资料，结果他们使用后发觉很有效。于是，我就把这些东西整理成"大道理"或"沟通技巧"，与人分享。

请大家慢慢阅读这本书，权当枕边读物。在你闲暇的时候，你可以顺手翻翻。在你需要的时候，你可以当作工具书查一查，作为一种参照。我真心希望这些沟通方法能够在家庭教育中起到一定的作用，能够对千千万万的读者有所启发，这将是我极大的荣幸。

假如读者朋友读完这本书后，有疑问或不同看法，或有什么问题需要咨询，欢迎发送邮件至 zhjiangren@sohu.com，或直接登录我的博客（http://blog.sina.com.cn/hexiangui）。我愿意和全天下的父母共同交流和学习，愿全天下的孩子都能快乐健康地成长。

目录
Contents

第一章　与老师划清界限

家校合作是一个共同体，但家庭教育和学校教育也有一定的边界，家长和老师都有自身的职责界限。家庭和学校到底是什么关系？如何厘清家长和老师的职责？家校之间又如何避免越权、越位问题？这些或许是很多家长和老师比较关心的问题。在家校沟通中，我们既要厘清边界，又要尽到责任，构建和谐的教育生态，这样方能促进孩子的健康成长。

第二章 家长“挑事”，孩子更安全

人非圣贤，孰能无过。每个人都有犯错的时候。戴尔·卡耐基说：“如果你是对的，就要试着温和地、有技巧地让对方同意你；如果你错了，就要迅速而热忱地承认。这要比为自己争辩有效有趣得多。”诚然，沟通双方都有犯错的时候。当父母发现老师犯错时，有没有认真反思过自己的行为呢？

第三章 让老师喜欢你的孩子

孩子代表着希望，每个孩子都像精灵一样活泼，像天使一样美丽。苏联教育家马卡连柯说：“培养人，就是培养他对前途的希望。”时刻关注孩子的成长问题，让孩子按照自然规律成长，不失为一种很好的教育方法。

第四章 怎么做，家校沟通才愉快

梁实秋说："谈话，和作文一样，有主题，有腹稿，有层次，有头尾，不可语无伦次。"父母在与老师沟通时，同样需要技巧。掌握良好的沟通技巧，可以让家校沟通有质的飞跃，真正收到实效。

第五章 遇到棘手的问题，如何向老师倾诉

教育是永恒的话题，教育孩子如同园丁培育鲜花，需要精心浇灌、施肥和呵护。在这个过程中，每个家长都可能遇到非常棘手的教育难题，这就需要父母向老师或他人请教，学习教育孩子的经验和艺术。

第六章　如何鼓励老师与我们合作

苏霍姆林斯基说：“要教育好孩子，就要不断提高教育技巧。要提高教育技巧，那么就需要家长付出个人的努力，不断进修自己。”孩子上学后，教育孩子不全是老师的责任，父母同样有责任。只有父母加大教育参与度，与老师亲密合作，才有可能给孩子好的教育。

第七章　他山之石可以攻玉

蔡元培认为，教育需要宽容，需要“兼容并包”。每个国家和地区都有独特的教育思想，都有可取之处。教育者只有怀着一颗年轻的心，善于发现和吸收世界上先进的教育思想，才能使我们的教育日新月异。

第一章 与老师划清界限

家校合作是一个共同体，但家庭教育和学校教育也有一定的边界，家长和老师都有自身的职责界限。家庭和学校到底是什么关系？如何厘清家长和老师的职责？家校之间又如何避免越权、越位问题？这些或许是很多家长和老师比较关心的问题。在家校沟通中，我们既要厘清边界，又要尽到责任，构建和谐的教育生态，这样方能促进孩子的健康成长。

家长与老师责任的边界在哪里

有上学娃的家长可能都有这样的经历，孩子学习成绩简直成了自己心情的晴雨表。假如孩子成绩不好，那自己的心情将是一片阴霾。

家长的困惑

有位家长曾经告诉我，他最怕参加家长会了，但又躲不过，所以他总是硬着头皮去。在一番交谈后，我总算明白了其中的原因。原来他的儿子是班级里出了名的“活跃分子”，上课的时候或做小动作，或与同学讲话，或直接趴着睡觉，简直无法无天，不把老师放在眼里。下课的时候，他儿子又经常拉帮结派，与同学打架。说起作业和考试，更让人头疼。他儿子极少按时完成作业，至于错误率则更不用说了。可想而知，这孩子的考试成绩自然非常差。不但如此，有一次他儿子还当着老师的面，在试卷上乱涂乱画，画了监考老师的头像，惹得老师十分生气，直接收走了试卷，按零分处理。

正因为这样，每次开家长会，他家的孩子都是会上的反面教材，老师多次严肃地告知家长要管教好自己的孩子，并表示学校不欢迎这样的“顽皮大王”，这让家长颜面尽失，抬不起头来。这位家长想不通老师为什么要拿自己的孩子在家长会上“开刀”，孩子在学校里学习，难道老师就没有责任？这让他觉得很无辜。

诚然，孩子在学校里表现不好，有些老师的确会向家长抱怨，直接将责任推给家长，甚至会义正词严地责问家长：你们在家是怎么管教孩子的？

老师斥责家长，这样的情况还算轻的，严重的是有些老师会将调皮捣蛋的孩子“请”回家。这几年，经常有家长告诉我，有孩子因为成绩差，被学校告知要求转学；有孩子因为经常破坏课堂纪律，被老师“请”回家反思；有孩子因为多次打架，被学校退学。我们不禁要问：我们的教育怎么了？

家长与老师的界限

这些案例看似极端，但实际上反映的是同一个教育问题：家长与老师的职责界限在哪里？即在孩子的成长过程中，我们要分清楚哪些是家长该管教的事情，哪些是老师的职责。

界限模糊，容易使彼此产生误会。可能有些家长认为，只要孩子进了学校，家长就如释重负地将教育的责任推给了老师，认为教育孩子是学校的事情。一旦孩子在学校里出现成绩下降、破坏课堂纪律、打架等现象，家长首先想到的是老师没有管教好。反过来讲，如果老师也一味地将责任全推给家长，同样是不对的。

其实，家长与老师之间的职责界限非常清楚。儿子上学后，我也曾想过如何恰当与老师沟通的问题。我首先明确了自己的定位。我认为，家长是孩子成长的第一任老师，也是终身老师。所以，我就做了这样几件事。

第一，为孩子提供必要的物质条件和安全感，做孩子的知心朋友。比如，孩子做错了事或心情不好，家长一定不能发火，更不能打骂，要给孩子提供轻松的环境，让孩子尽可能地倾诉心事或发泄情绪。有一次，我去接孩子回家。一见到我，他就闷闷不乐，我也没问他怎么了。一路上，我跟他聊了一些有趣的事情，但他始终提不起精神。直到快到家的时候，他问我："爸爸，你以前有没有摔倒过？"

"有啊，头上摔出一个大包呢！"我立马回答。于是，我们就聊起了摔倒的事情。后来，他把自己在幼儿园摔倒的事情告诉了我，说自己摔倒时还不小心碰到了桌子，额头上留下了一道青色的摔痕。孩子把内心的话说完了，也恢复了往常的平静。

第二，家庭教育是给予孩子完整的生命教育和健全的人格教育。"生命教育"是相对于"知识教育"而言的，指的是父母以自己的言行举止给孩子以影响。作家老舍在回忆母亲时，认为自己在母亲的影响下，养成了爱花、爱清洁、守秩序、好客等习惯，这是典型的生命教育。因此，父母要从小培养孩子良好的生活习惯和学习习惯，让孩子能够使用文明用语，独立穿衣、吃饭、整理玩具，独立完成作业，不依赖父母。特别是孩子进入小学之后，家长更要重视引导孩子与老师亲密合作，如上课专心听讲、主动完成作业、与同学友爱相处等。

人格教育属于心理健康教育范畴，也是家庭教育的核心。心理学家认为，一个人的健全人格包括：强烈的生命意识、融洽的关系、自我实现的愿望、责任感、积极乐观、乐于分享等。可以毫不夸张地讲，决定孩子未来的不是懂得多少知识和技能，而是是否具备健全的人格。试想一下，如果一个孩子漠视生命，缺乏爱的能力，不懂得如何自救，更不懂得如何与人分享，那他终究难以在未来撑起一片属于自己的蓝天。所以，家长应多引导孩子树立生命意识，激发孩子的抗挫能力，以乐观的态度面对生活，并且培养孩子的同理心和沟通能力，乐于帮助他人。

以上两方面都是成长的基石，是家长的重要职责，也是学校教育无法替代的。

第三，帮助孩子形成良好的品德。可能有家长认为，孩子品德的养成主要在学校里，是老师的责任，但孩子最初品德的养成主要在家里，责任在家长。根据心理学家皮亚杰和科尔伯格的道德发展理论，幼儿在10岁之前是道德发展的关键期。所以在孩子道德观念形成方面，家庭教育的作用远大于学校教育。苏联教育家苏霍姆林斯基说过："我们向母亲和父亲讲，从儿童懂事的初期起，就应该让公民的品质在儿童心灵中形成、树立和巩固起来。公民意识和公民情感发源于儿童时代，播在儿童心灵中的一粒小小的种子，会长出茁壮的幼芽，长出深根。"孩子品德形成最关键的一个环节就是家庭教育，一个负责任的家长会时刻为孩子树立榜样，促使他形成良好的品德。

第四，协助老师，当好家庭教师。家长与老师既是独立的个体，又是协作者。可以说，家庭教育是学校教育的延伸，两者在教育孩子方面有交集，存在同心和同向性，形成教育的最大合力。例如，家长监督孩子学习，与孩子一起收集资料，协助老师矫正孩子的一些不良习惯等。但是，家庭教育也具有独立性，不应该成为学校的附庸，沦为纯粹围绕学校教育开展家庭教育。在我国的一些地方，存在家长批改作业的现象。老师给孩子布置了家庭作业，家长不仅要指导孩子完成，而且要亲自批改并签字。很多家长无奈之下，就把孩子托给教育培训机构，让培训老师批改。平日里，甚至有家长抱怨：如果老师都这样做，那还要老师干吗？虽然家长有指导孩子学业的职责，但这并不是家庭教育的主要任务。实际上，批改作业理应是老师的责任，老师也不能混淆老师与家长之间的职责界限。

需要重申的是，家庭教育不是学校教育的附属品，有自身的使命和任务。家长的职责是给孩子以生活教育、生命教育、道德教育、劳动教育、审美教育、社会教育和反思教育等，帮助孩子形成良好的道德，养成爱清洁、爱劳动的习惯，让孩子能够自律，能够独立思考问题，明辨是非曲直，能够与同伴和谐相处，又能独立生活，成为一个完整的人。此外，家长可以作为一名志愿者，协助老师进行一些活动策划、教室布置、卫生打扫等。家长也可以成为家委会的成员，有权监督学校和班级的工作，审议学校的发展计划，参与学校的管理。

学者黄河清在《家校合作导论》一书中认为，家长与老师的角色定位不明导致双方的合作不欢而散。许多教师希望家长以支持者与学习者的身份与教师合作，家长也希望教师不要以居高临下的态度或支配的态度来对待自己。在学校教育中，老师的责任又是什么呢？唐代学者韩愈认为，老师的基本职责是“传道授业解惑”，既要培养孩子的认知能力、道德修养，又要解决孩子成长中的困惑。到了20世纪末，联合国教科文组织提出了面向21世纪的教育支柱：学会认知、学会做事、学会生存、学会共处。我也是老师，知道自己担负的责任：以身作则，尊重、关爱每个孩子，向孩子传授文化知识和生活技能，帮助孩子形成正确的价值观，制止有害于孩子的行为，让每一个孩子都能健康快乐地成长。简而言之，老师的主要职责是教书育人。即老师要向学生传授知识和技能，关心学生的个性和道德的发展，激发学生的潜能，发展学生的兴趣爱好，培养学生的团队精神、创新精神，锻炼学生的生活技能，使学生通过不断学习，最终成就自己的美好人生。诚然，老师的作用也是家长无法替代的，特别是在学业和孩子的人格形成方面，老师的影响力可能要超过家长。

回顾自己这几年的亲师沟通经历，我深切感受到家长与老师只有明确了彼此的职责，不做越界的事情，才可能进行有效的沟通。所以，作为家长，要尽心尽力把孩子培养好，这也是为老师教育孩子创造条件。为避免一些不必要的麻烦，我们可以借鉴一下国外家校合作的方法。例如在英国的一些地方，开学的第一天，学校就与家长签订一份“家校合同”，明确了学校与家庭的职责，老师和家长都依据条款的内容工作，彼此不越权，可以有效地保障家校合作顺利开展。

贴心提示：怎样让孩子保持积极心态

国际医学研究表明，威胁人类健康的头号敌人不再是身体上的疾病，而是心理上的疾病，人的心理健康和身体健康一样重要。父母要使孩子拥有健康的心理，有这样几点可以借鉴。

一是和孩子平等对话，及时了解孩子的心理变化。孩子的心理变化往往通过表情或情绪表现，所以父母要善于察言观色，及时掌握孩子的心理变化信息。

二是要引导孩子朝好的方向发展。父母要教会孩子一些做人的道理，把平等、善良、合作、宽容、爱心等观念传输给孩子，让孩子尽量做到心中有他人，待人有爱心。

三是要多给孩子承受挫折和失败的机会，让孩子在挫折和失败中学会自立自强，并以良好的心态去应对生活中的各种意外。

四是孩子有不良情绪时，父母要为孩子及时疏导。如果孩子在生活中遇到了委屈、失败、挫折，或不被人理解、被人孤立等情况，父母就要注意多对孩子进行引导。

如何才不会伤害孩子

我曾经看过一部叫《刮痧》的电影，讲述了中国移民在美国定居的故事，留给我印象最深的是这样一个片段：有一天，许大同夫妇五岁的儿子丹尼斯突发高烧，许大同的父亲用传统方法刮痧为孙子治病。第二天，丹尼斯被单独留在了家里，不小心掉下床磕碰到了头，结果被邻居发现了，他们认为将孩子单独留在家是不称职的表现。没过多久，丹尼斯就被送往医院急诊，医生在检查时发现他背上有瘀痕（因刮痧留下的），断定孩子在家受到了虐待，丹尼斯的父亲许大同因此被告上了法庭。

虽然这是中美文化的差异，但足以说明这样一个事实：美国人非常重视保护孩子。在美国，未满 12 岁的孩子不能被父母单独留在家里，更不要说照顾弟弟妹妹，因为这是犯法的，父母要被起诉。如果家长出现暴力教子的现象，父母就会失去监护权，甚至进监狱。

反观国内，把孩子单独留在家里是非常平常的事情。家长由于自身工作繁忙，又一时找不到其他监护人，就把孩子单独留在家里。实际上，这种行为存在一定的安全隐患。2011 年 4 月，《法制晚报》报道说，那几年媒体公开报道的 40 起儿童坠楼事件中，八成坠楼儿童的年龄在 2~6 岁。此外，近八成的儿童因家中未安装防护栏而从窗户或阳台坠下，其中独自在家的儿童接近六成。

孩子的年纪越小，对危险的感知能力越弱，也越缺乏自制能力，越容易发生危险事故。

也许有家长会说，如果安全措施做得比较好，就不大可能会给孩子的身体造成大的伤害。可我们不要忘了，孩子还小，把孩子单独留置家中是不称职的表现。安全因素是一回事，孩子的心理损伤同样不容忽视。有些孩子由于被单独留在家中，产生了悲观、恐惧、孤僻、自我封闭等心理。

有一个读小学三年级的小女孩，一次父母外出，孩子就被一个人留在了家里。孩子觉得无聊，躺在床上看天花板上的灯。奇怪的事情发生了，孩子看着看着，突然发现电灯里好像出现了一个鬼怪，一闪一闪地朝她微笑。她越想越怕，用被子把自己裹得严严的。等父母回来，孩子已经变得沉默寡言。从此，“屋里有鬼”的印象深深地留在了孩子心里。孩子一到晚上，就特别怕黑，最怕单独留在家里。

把孩子长期留在家里给其造成的伤害可能更大。一些父母由于在外地工作、工作繁忙、离异等原因，把孩子托付给亲戚或朋友，让孩子成了留守儿童。有些家长为了让孩子能接受更好的教育，在异地租房或购房，把孩子托管给老师。我们在大街小巷总能看见许多“全托”“半托”“师带生”的广告，这些孩子是一种新的“留守儿童”。

在孩子成长时期，父母的照顾和陪伴是无人可替代的。父母的爱就像温暖的阳光，让孩子的心灵健康成长，为了工作和生意而弃孩子于不顾，这是舍本逐末的做法，对孩子来说是一件非常残酷的事情。我们且不说把孩子托管给老师或亲戚，孩子一日三餐能不能保证，单单孩子与父母长期分离，导致感情一天天淡化，到最后有了隔阂，这也是每一个父母都不愿意看到的。

但事实的确如此，我接触过一些从小就被寄托在老师家的孩子，不仅感情冷漠，而且内心封闭，胆小自卑，叛逆敏感，常常有各种极端的情绪变化，如对人忽冷忽热，还有可能愤世嫉俗。我还问过一个全托家教老师家的孩子，他最大的愿望不是学习成绩好，而是能天天见到父母。所以，父母所谓的“省事”可能会毁了孩子的一生，因为这带给孩子心灵上的伤害将是一辈子的。

我想说的是，也许很多家长都没有从孩子的角度看待问题，把孩子留置家中都是大人的思维。如果你是爱孩子的家长，那就应该多理解一下孩子的成长心理。作为父母，在孩子未成年之前，最好能够至少留一人照顾孩子，这是维系孩子与家长之间感情的重要纽带。

我国《未成年人保护法》明确规定，未成年人的父母，必须履行好家庭保护的职责。2010 年 9 月，河南省人大常委会第十七次会议通过《河南省未成年人保护条例》，条例规定：“不得将未满七周岁的未成年人长时间单独留置家中”，“不得将未成年人单独留在机动车内”，“不得安排未满十二周岁的未成年人在机动车副驾驶位置乘坐”。河南省的做法细化了我国的《未成年人保护法》，而且首次明确规定了未成年人不能单独留置家中，很值得其他省市推广。

如果说将孩子单独留置家中是家长忽视了孩子，那将孩子送进各种培训班则是过度重视孩子，这同样不好。很多父母为了提高孩子的学习成绩，一有空余时间，就会把孩子送进各类学科补习班，如英语班、奥数班、书法班、音乐班等。值得注意的是，现在很多父母给孩子选择兴趣班，常常单纯地把兴趣班学习和以后的考试加分联系在一起，并口口声声地说是为了孩子的将来。如果以牺牲孩子的休息时间换取兴趣班学习，对孩子的心灵造成巨大伤害，那更是得不偿失的。

有些父母还不停地给孩子找补习老师，即便孩子的成绩很优秀，家长也要把孩子送去补习。在我所在的小城里，孩子补习成了一种风尚，不补习反而显得不正常。不管家庭经济状况如何，父母都愿意出钱给孩子找补习老师。在这种情况下，父母辛苦，孩子也辛苦。

鲁先生的孩子在读小学四年级，有一次开家长会，老师建议孩子们去学奥数，因为奥数获奖的孩子进入重点中学的概率比较大。按照老师的要求，鲁先生把孩子送到奥数培训班学习。可实际上，鲁先生的孩子什么都没学到。

如果家长遇到这类问题，可不是小事情。我们知道，孩子参加奥数学习，对增强孩子的思维能力的确有帮助。可惜，很多孩子常常因此走向反面，因为学奥数而失去学习的信心，更不用说心灵的愉悦了。

实际上，这是一种强迫孩子学习的行为，这同样是一种暴力行为。如果孩子从小接受这种强迫教育，是一件非常残忍的事情。

很多心理学家研究表明，人在被动状态下学习，其效果非常不好，还可能出现负效应。古希腊著名哲学家柏拉图说："强迫学习的东西是不会保存在心里的。"强迫学习会使很多孩子的学习效率低下，不会主动学习。长此以往，孩子的自主学习能力便会退化。

家长强迫孩子做这个做那个，很容易使孩子产生逆反心理。有家长说，我们这样无非是为了孩子好。可是，家长有没有真正想过孩子的感受呢？有个孩子多次被家长送去作文学习班，结果一碰到写作文就头疼，心里很讨厌"作文"这两个字。这只是一个极端的案例，但这个例子说明了家长强迫孩子学习会产生怎样的恶果。

强迫学习只会产生一时的效果，不会使孩子发自内心地接受家长的意见，因为这里面缺乏尊重。苏联教育家苏霍姆林斯基说："教育技巧的全部奥秘也就在于如何爱护儿童。"显然，缺乏尊重的爱护并不是真的爱护。

家长的素质关系到孩子未来的成长，也影响着孩子的素质。做一个好家长，要学会给予孩子一定的自由，这不仅会让孩子拥有美好的童年，也会使孩子变得更加懂事和受人欢迎。

贴心提示：怎样让孩子保持积极心态

家长过多满足孩子的物质需求，并不能满足孩子的精神需求，反而容易使孩子变得懒散，找不到幸福的感觉，同时放弃自我努力，丧失通过努力获得成功的机会。因此，家长可以参照以下做法。

- 给予孩子适量的物质满足即可，给孩子适度的零花钱，给孩子穿普通衣服，不刻意为孩子准备饭菜。
- 不满足孩子的无理要求，可以让孩子通过自身努力获得某样东西，鼓励孩子自制玩具。
- 要让孩子承受一定的生活压力，比如，给孩子设立一些奋斗目标，并要求孩子按计划完成。
- 不打击孩子的理想。孩子有理想是好事，家长要多给予鼓励。

如何提高爱的质量

几年前，我给初一的学生上课，看到他们堆积如山的课本和作业，心里说不出地难受。于是，我给他们布置了一篇作文，题目叫作《我心目中的学校》。等到把作文全收上来的时候，学生们舒了一口气，在教室里狂欢起来，大声说着："我希望学校不再有考试！"那天晚上，我仔细阅读这些孩子的作文，为他们的心里话深深感动。

> 我心目中的学校有胡萝卜似的房子，下面还有许多绿叶子，看起来真让人嘴馋……每个学生都非常喜欢在那里学习，因为在那个学校读书既轻松又愉快，而且不用考试。

> 我心目中的学校没有仇恨，没有烦恼，没有痛苦，只有快乐和幸福。我们在那里学到了知识，学到了做人的道理。

> 我心目中的学校要有一个宽大的图书馆，同学们可以随时到那里阅读或借书……我还希望老师不要阻止学生们交笔友，因为交笔友可以增强同学们的书面表达能力，最重要的是可以增进友谊，用笔和纸架起一座友谊之桥。

> 我心目中的老师是慈祥可亲的，像一个朋友，带着甜蜜的笑容给我们讲课。课余时间，老师和我们一起谈谈自己的趣事，增进我们与老师之间的感情，使我们不再对老师产生恐惧和害怕。

这些学生说的都是真话，他们对考试和老师产生了恐惧。在很多学生看来，老师像监工一样禁锢他们的生活，学校不再是自由的天地，而是折磨人的“监狱”。不知从何时开始，我们的教育逐渐偏离了“人”的轨道，素质教育变成了“数字教育”，多少人在应试教育的铁蹄下备受摧残，潸然泪下。

正当我对教育产生了许多悲观情绪时，我听到了一些振奋人心的教育故事——原来教育可以这样美丽。

清明前夕，侄子跟我说起春游的经历。他刚上小学一年级，第一次赶上春游。他这样对我说：

> 我6点多就起床了，然后去学校教室，和老师一起去爬山。我带了妈妈买的饮料和零食，一路走着。我流了很多汗，脸上都是汗水。山上有很多花，还有树。有的同学跑得很快，爬上山去摘花。我们下午就回来了，很开心。

其实，听小孩子讲故事也是一种享受，况且他说的是自己的开心事。可以想象，这群孩子跟着老师去爬山，快乐得像一只只小鸟，舒展的不仅仅是身体，更是心灵。

听完他的故事，使我想起另一件事情。有一年春天，有个朋友跟我聊起孩子春游的事情，他一肚子怨气：“现在老师搞什么春游，还要我们家长忙这忙那。”

“为什么呢？”我连忙问他。

他补充说：“孩子要去春游，老师连声招呼都不打，又没有征得我们家长的同意，你说老师霸道不？孩子还小，不应该去水库边玩耍，不安全。如果孩子出了问题，这责任谁担当得起呢？再说，一次春游能让孩子收获什么？我看还会荒废了孩子的学业。”

朋友说的话也有一定道理，但过于片面，或许家长和老师事先没有针对春游这件事进行沟通才导致认知上的分歧。

我们先说家长和老师的沟通问题。老师带孩子出去春游，的确是大事，每个家长都应该有知情权，包括了解春游的时间、地点、路程、出游方式、参加人员、安全系数等。老师组织孩子春游之前，应该向上级教育部门提出申请，并征求家长的意见，不可擅自行动。所以，在孩子春游之前，家长应该和老师有充分的沟通，商讨可能出现的诸多问题，并制订解决方案。

我曾听说过有关孩子在春游时发生安全事故的新闻，最后闹得沸沸扬扬，有些带队老师还被家长质问，甚至被家长殴打。这些鲜活的例子在告诫我们：凡是遇到重要的事情，如春游，每个家长都应该义不容辞站出来和老师沟通，因为这都是为了孩子好。

至于春游会不会影响孩子的学习，甚至滋长懒惰心理，荒废学业，我想，这是不可能的事情。春游作为一种课外活动，能开阔孩子的视野，锻炼孩子的意志，放松孩子紧张的心理，最终促进学习进步和身心健康。

有一个朋友是小学老师，她常常感叹现在的孩子写不出优秀的作文。于是，在某一个春天的上午，她毅然向学校提出申请，带班级的孩子去学校附近的田野春游。这些平时忙于书本学习的孩子，第一次真正领略到了大自然的美妙。回来之后，老师给孩子们布置了一篇作文，要求每个孩子写一篇关于春天田野的作文。没想到，孩子们异口同声地说：“老师，没问题！”

第二天上午，每个孩子都把作文上交给了老师。老师惊讶地发现，孩子们的作文不再空洞，而是充满了灵气，像是为大自然画了一幅幅美丽的画卷。更让老师感到意外的是，还有几个家长打电话给老师，说孩子在家里滔滔不绝地讲述春游的事情，而且孩子一口气写完了作文。

其实，真正的教育不在教室里，而是在窗外；真正的教育不是灌输，而是重在启发。不管老师还是家长，都应该把手放开，给孩子适当的窗外世界，让每一个孩子都能学到书本里所没有的知识，春游何尝不是一种很好的课外教育呢？

我想，教育应该是世界上最美丽的东西。“教育”一词由“教”和“育”组成，在老师的全身心教授下，浸润心灵，陶冶情操，唤醒沉睡的良知，即便一个野蛮如牛的人都能蜕变成光彩照人、温文尔雅的文明人。

如此美丽如玉的教育，感动的是心灵。人在接受教育的时候，便开始了真善美的享受，开始了心灵的熏陶，也便搭上了想象的翅膀，飞向遥远的彼岸。

好的教育不是折磨人，而是教人如何认识自我，认识世界，认识宇宙，浸染文明道德，享受人生的各种滋味。如果将教育变成折磨人的工具，那会令人感到荒谬和窒息。如果教育是以牺牲人的自由、尊严、权利、身心健康为代价，那只会徒增受教育者的痛苦和绝望。

教育不是挖苦人，不是贬低人，更不是摧毁人的自信心。科学家布鲁诺说：“一味地挖苦、贬低，会导致孩子的反抗，反对父母，反对学校，或者反对整个世界。”好的教育应当促使孩子的心智发展，使其对未来世界充满期待。

苏联教育家苏霍姆林斯基说：“我一千次地确信，没有一条富有诗意的感情和美的清泉，就不可能有学生的全面智力的发展。”

教育应当给孩子留下美丽的背影，而不是恐怖的梦魇。如果我们的教育建立在敌视和残忍的基础上，留给孩子的将会是永恒的伤痛。时间在无声无息地流淌，但洗刷不了教育带给人的伤害。

社会上有句流行语，叫“别让孩子输在起跑线上”。因为这句话，很多家长牢牢地抓住孩子，纷纷给孩子增加学习压力。有家长说，孩子要学习优秀肯定要做出一点牺牲，如牺牲平时的休息和娱乐时间等。可我想说的是，我们千万别让孩子的幸福快乐输在起跑线上。

教育应该带给孩子无限的快乐。学习成绩只是一时的，幸福快乐则是一辈子的事情。就算输在了学习的起跑线上，将来还可以补救，但孩子的幸福快乐失去了，不管将来怎样拼命寻找，都难以真正找到。

著名主持人杨澜不觉得孩子做“神童”有什么好，也不要求孩子一定要在某些方面有特殊的成绩，她只希望孩子做一个快乐的人，同时能给周围的人带去快乐。这也是教育的真谛所在。

若要以创造“神童”为由泯灭孩子的天性，让孩子对幸福快乐麻木不仁，这是教育的悲剧。社会上有一种教育叫“狼性教育”，我对此并不看好，这样的教育虽能造就一个父母眼中的“天才”，但孩子失去的又是什么呢?

如果孩子的幸福快乐建立在学习成绩和别人的认可之上，那只是一种被刺激和被逼迫的交换式的幸福快乐。这样的幸福快乐并不能持久，因为它需要借助外力的作用。

其实，孩子的学习和幸福快乐并不对立。学习不是孩子成长中的绊脚石，而是孩子成长中幸福快乐的源泉。

我想，美丽的教育是一种素质教育，从孩子的身心发展出发，重在塑造健全的人格，挖掘潜力，培育健康的体魄，养成现代公民的素质。这并不是天方夜谭，不是遥不可及的空想，而是可以实现的教育理想。

著名教育家陶行知说：“要改造学校的教育，使教育与生活密切联系起来，使每一个学生都能享受文化的精华。……使小孩接受教育的时候，有求学之乐趣，而无不必要之恐怖与烦恼。”

为捍卫孩子的身心健康权利，家长和老师应该联合成统一战线，给孩子创造更多的自由空间。我国古代有“游学”的传统，古人倡导“读万卷书，行万里路”，游学不仅能够开阔眼界，而且能锻炼体魄，丰富人生阅历，对青年学生非常有益。时至今日，“游学”也有了更多的形式。比如，春天的时候，老师可以组织学生春游，可以近距离游览，也可以远距离观光。夏天的时候，老师可以和学生一起游泳，和学生一起观赏傍晚的落日。秋天的时候，老师可以带学生到乡村收割稻谷，过一种恬静的乡村生活。冬天的时候，老师可以带学生一起玩雪，你追我赶地嬉戏。老师还可以组织学生到工厂、街道、乡村、商场等地了解情况，写成调查报告。

家长和老师的沟通不是为了别的，而是为了发现问题，寻求解决问题的最佳方案，帮助孩子快乐成长。如果我们真能实现这些设想，那么我们就可以自豪地说：“原来教育并不沉重，它如诗歌一般美丽诱人。”

贴心提示：请回归教育常识

我们在教育方面犯了错误，是因为我们没有真正领悟教育的本质，没有回归教育常识。

- 德国哲学家雅斯贝尔斯说：“教育是人们灵魂的教育，而非理智知识和认识的堆积。教育的本质意味着：一棵树摇动另一棵树，一朵云摇动另一朵云，一个灵魂唤醒另一个灵魂。”
- 著名教育专家李希贵说：“其实，教育的本质是解放人——包括解放人的智力和心灵、思维和情感，而不是束缚人、压抑人、限制人。”
- 教育家陶行知说：“教育是什么？教人变！教人变好的是好教育。教人变坏的是坏教育。活教育教人变活。死教育教人变死。不教人变、教人不变的不是教育。”

- 物理学家爱因斯坦说："学校的目标应当是培养有独立行动和独立思考的个人，不过他们要把为社会服务看作自己人生的最高目标。"
- 苏联教育家苏霍姆林斯基说："没有爱，就没有教育。"

莫拿沟通折腾孩子

一提到家长跑去找老师了，不管有没有沟通，估计很多孩子都会感到忐忑不安。无论是成绩优秀的孩子还是调皮捣蛋的孩子，都在潜意识中拒绝家长和老师之间的沟通，个中的原因在于家长和老师沟通之后，孩子的平静生活可能会被破坏，不少家长和老师常常借助沟通的机会向孩子发难，不仅家长要批评孩子，就连老师也要更加严厉地对待孩子。

在我所接触的孩子当中，几乎没有一个孩子不怕家长和老师沟通，除非这孩子对什么都无所谓了。有一年春天，我碰到一个特别爱惹事的孩子。只要他一犯事，我就找他谈话。每次到谈话快结束的时候，他总会说："老师，只要您不把我爸妈叫过来，我就马上把缺点改过来。"有时候，我好奇地问他："你为什么这么怕你爸妈过来呀？"那孩子告诉我："老师，只要我爸妈找过您，我可就没好日子过了，我爸妈很凶的。"

有些时候，家长和老师之间的沟通，非但起不到任何作用，还有可能会伤害孩子。有不少父母在和老师沟通之后，对孩子的教育变得更加严厉，一回家就批评甚至打骂孩子，有的家长采取冷暴力，对孩子不理不睬，一副失望透顶的样子。事实上，这样的沟通给孩子带来了巨大的压力，让孩子不希望父母和老师进行沟通，甚至怨恨老师和父母。

后来，我接触到一些年龄大一点的孩子，他们刚好在上初中。初中是孩子们成长的转折点，因为要面临中考，所以初中阶段的孩子没有了小学时代的轻松和快乐，有的是繁重的学习。特别是一些进了名校的孩子，他们的日子更加辛苦。名校的学习竞争比其他学校都要激烈，几乎每一次大型考试都给孩子排名次。尽管教育部门三令五申地要求各级学校不得对学生考试成绩进行排名，但不少学校依然我行我素。而父母如果知道自己的孩子成绩退步了，心里会非常着急。

有一年秋天，一个叫申泽的孩子跑来跟我谈心，说起他的遭遇。申泽的学习成绩一直很好，但他很担心父母和老师进行沟通，怕他爸妈会联合老师教育他。他一脸惆怅地看着我，想了一会儿才说："老师，我们就像悬崖上的马，高处不胜寒，越到高处越危险，万一掉下来了怎么办？所以，我爸妈天天为我担心。只要他们去找老师沟通，老师肯定会向我爸妈施加压力，而我爸妈又会给我增加更多的压力。我想，我的日子会更加悲惨。"

听了那孩子的话，我感到莫名的心寒。在以分数论英雄的今天，成绩就是孩子们的生命线。在老师、孩子、家长当中，孩子始终处于老师与家长之间，也可以说被老师和家长给拴住了绳子。平常，家长可能只看到了孩子的成绩，而忽视了孩子的心理承受能力，这是多么可悲的事情。

我见过孩子在父母和老师沟通之后，被家长批评的情景。那是一个邻居的孩子，他成绩一般，最悲惨的是那次期中考试，他退步了 10 多名。于是，邻居跑去学校找老师了解情况。那天下午，孩子放学刚回到家，就被他父母严厉地批评。我只听到他爸在家里使劲地吼，说什么花了那么多钱给孩子读书，只考那么一点分数。还说到学校老师不想管他，说什么孩子给家里丢脸丢尽了。每骂一次孩子，总从家里传出孩子的尖叫声，再后来，我就听到了孩子呜呜的哭声。

后来，孩子的妈妈过来找我。我装作什么事情都不知道，就问她怎么了。她来是想问我该怎样教育孩子，她说去了学校之后，才发现孩子如何不听话，连老师都不想管了，她自责地说："是我们以前对他太好了，哪知道这孩子没心没肺，就考了那么一点分数。"说真的，这位母亲像很多家长一样，望子成龙心切。

孩子成绩退步有很多因素，父母采用急躁的方式处理，不但解决不了问题，而且会挫伤孩子的自信心。我从教育学角度告诉那位家长："我知道你们很急，这能理解。但学习有一定的规律，那就是循序渐进，涉及学习态度、学习兴趣、认知能力、学习心理和学习品质等多方面原因，你的孩子成绩退步，估计是这些环节中的一个或几个方面出问题了。你应该想一想孩子的学习态度是否正确？孩子的学习品质（包括毅力、耐力等）是否下降？孩子有学习兴趣吗？我们光看成绩退步，而不找其他原因，这样对孩子不好。"

我碰到过一个初中生，性格内向，十分腼腆，非常懂礼貌礼节，是一个品质优秀的孩子，唯一让他爸妈担心的就是他的学习成绩不是很好。尽管他在努力，但成绩一直上不去，估计跟他的学习方法和意志力有关。有一次考试，他考得不是很好，眼看着马上就要中考了，心急的家长把他批评了一顿。第二天晚上，他来我家，我看他一脸沮丧，心情很不好，学习效率低下。

我国著名儿童教育家陈鹤琴认为，无论什么人，受激励而改过很容易，受责骂而改过却比较难。

有的父母在和老师沟通后，回头就责骂孩子，这样的做法非常不可取。冰冻三尺非一日之寒，提高孩子的学习成绩要靠平时一点一滴的教育和引导，粗暴的教育方式并不能解决孩子的学习问题。父母对孩子的那种情绪化的教育，不但解决不了问题，还会破坏父母与孩子之间的感情，重则使孩子对学习产生厌恶情绪，讨厌上学，讨厌学校和老师。

有一个原本活泼的孩子，因为一次考试成绩不好，被老师批评教育了一顿。后来，老师把那孩子在学校的情况告诉了孩子的家长，家长火冒三丈，又把孩子狠狠地骂了一顿。他们以为这样就能改变孩子，让他们想不到的是，孩子从此变得沉默寡言。一年之后的中考，孩子考得一塌糊涂。我们在为那个孩子感到惋惜的同时，也要反思一下自己的行为。

家长和老师沟通时，既要了解孩子的缺点，回去后提醒孩子改正，也要了解孩子的优点，鼓励孩子继续保持。有的父母不管老师表扬了孩子多少优点，只要听到一点不足，回去就批评孩子，这就好比孩子考了 99 分，家长却只追究那 1 分是怎么丢的，“一叶障目，不见泰山”，看不到孩子身上的闪光点。

不管怎样，家长和老师沟通时，先要整理好思路，看看孩子最近有什么进步，问题出在哪儿，并努力寻求解决办法。如果父母在和老师沟通时出现了不良情绪，要先排解情绪，再回家心平气和地与孩子谈谈，共同找出解决问题的方法。

此外，家长在和老师沟通时也要注意方式方法，不要过分强调孩子的成绩，而要对他们的表现和学习情况进行具体分析，提出建议。

贴心提示：沟通要以孩子为中心

家长喜欢和老师沟通是好事情，但需要注意的是：良好的沟通应当以孩子为中心。

首先，孩子是沟通的出发点，家长与老师沟通是为了孩子。所以，家长要特别关注孩子的内心感受。

其次，尊重孩子，不把孩子的隐私透露给老师。

再次，家长和老师的沟通不是为了揭孩子的短，而是为了让孩子有所进步。

最后，家长和老师在共同教育孩子时，也得尊重孩子的成长规律，不可给孩子施加过重的压力。

好品格从好父母开始

苏联教育家马霍娃曾这样说过：“做母亲的无论怎样忙，她必须找时间教养孩子，即使影响了自己的休息或者家务操劳。”古希腊哲学家德谟克里特也说：“有教养的人的遗产，比那些无知的人的财富更有价值。”可见，教养是人类文明的体现，在生活中起到举足轻重的作用。

作为家长，谁都希望孩子知书达礼有教养。朱女士跟我聊起的故事，或许能代表一部分富裕家庭孩子的现状。

> 我家经济条件还算可以，凡是孩子需要什么，我们就提供什么，吃的、穿的、玩的、用的……我们满足了孩子的要求，可孩子整天都闷闷不乐。老师常“告状”说我的孩子太“清高”，对老师和同学目中无人，什么活动都不参加，学习成绩不好也无所谓。在家里就更不用说了，闷在房间里像个小老头似的，家里来了客人，他从不出来问好，要知道他才 11 岁呀。为了这孩子，我们费尽了心思，可孩子依然没有转变。

随着生活水平的提高，部分富裕家庭也出现了与朱女士家类似的问题。这些家庭的孩子不缺少物质享受，但不见得很有教养。

现在很多生活富裕的家长往往都是自己奋斗拼搏出来的，他们对生活的艰苦深有感触，所以不希望下一代像他们一样艰苦，他们总认为只要有钱，孩子的教育就有保障。其实不然，有钱能将孩子送进好的学校，但不能保证教育好孩子。

家庭富裕不是错，如果父母教育方法正确，照样能使孩子变得有教养。富裕家庭的家长要帮助孩子树立正确的金钱观。

洛克菲勒是美国“石油大王”，但他在教育孩子方面显得非常苛刻，给孩子的零用钱少得可怜，他认为“过量的财富会给自己的子孙带来灾害”。洛克菲勒为孩子立下这样的家规：7~8 岁的孩子，每周零用钱 30 美分；11~12 岁每周 1 美元；12 岁以上每周 3 美元。零用钱每周发放一次，还要求孩子记清每一笔支出的用处，待下次领钱时交父亲核对。而且要遵循三个三分之一的原则：三分之一可以自由花，三分之一要储蓄，还有三分之一要做慈善。仅零花钱这件小事，就能培养孩子的公益心和自制力。

无独有偶，被世人称为“经营之神”的企业家王永庆拥有亿万资产，但在教育子女方面一点都不放松。他为了锻炼孩子的独立性，将每个孩子送往国外学习。儿子文洋 13 岁被送到英国留学，王永庆给孩子规定：小孩不能乱花钱，念书期间每天都要写信，报告一天的行踪和所做的事情；每笔开支都要报告，连小小的日用品也不例外。女儿王雪龄 14 岁时到英国教会学校留学，学校没有暖气，还开窗睡觉，但这培养了孩子独立、忍耐和顽强的品格。

王永庆自己也身体力行，生活非常简朴，一条毛巾用了 30 年。他每天坚持长跑，曾这样说道：“跑步很辛苦，也很枯燥，但是为了身体健康，就必须持之以恒地跑下去。久而久之，像是日常工作之一，就不觉得辛苦了。”

其实，孩子对什么都无所谓是对生活失去了兴趣，没有人生目标造成的。假如家长都能像王永庆那样对待孩子，每个孩子都能成为非常优秀的人才，都能找到自己的人生目标，更不用说生活乐趣了。

很多时候，家长往往会忽视对孩子进行挫折教育。有一对白领，家境比较富裕，自从有了孩子之后，妻子就当起了全职太太。孩子一天天地长大，但孩子妈妈发现孩子特别爱哭，下棋输了，孩子会哭；作业不会做，孩子也哭；与别的孩子一起赛跑落后了，孩子又哭了起来。孩子妈妈非常担心，因为孩子无法面对任何一次挫折和失败。

可见，这个孩子的抗挫能力非常差，这与孩子被父母养育在温室里有关。如果家长遇到这样的情况，最好创造条件多对孩子进行一些挫折教育，挫折教育是孩子成长过程中必不可少的营养。所以，家长要多引导孩子，如果孩子遇到挫折或失败，家长应该鼓励孩子勇敢地面对。

其实，每个人都有自尊心，都很在意别人的看法。当孩子遇到挫折或失败时，最忌讳这样对孩子说："你看你，把事情搞得一团糟！""你怎么这么笨，连这个都不会？""早知道这样，就不让你做了！"……比较好的做法是帮助孩子鼓起勇气，让孩子重新站起来。家长可以用故事引导孩子树立信心，也可以用多次试错的方法，鼓励孩子越挫越勇。

著名诺贝尔生理学和医学奖获得者巴雷尼小时候因病成了残疾，他的母亲自然十分伤心，母亲强忍着悲痛来到巴雷尼床前，说："孩子，妈妈相信你是一个有志气的人，希望你能用自己的双腿，在人生的道路上勇敢地走下去！好巴雷尼，你能够答应妈妈吗？"母亲的话深深触动了孩子的心，巴雷尼从此发奋学习，最终长大成才。

有家长曾和我抱怨孩子一点责任感都没有。我觉得培养孩子的责任感并不难，多带孩子参加一些公益活动就是一种不错的方法。俄国作家托尔斯泰说："关心公益应当是每个有相当教养的人所共同的。"家长可以带头参加一些公益活动，鼓励孩子伸出自己的小手为公益事业绘画、签名或捐赠衣物和玩具等。许多父母都有很强的环保意识，不妨带孩子一起清除墙壁上的“牛皮癣”，培养孩子的环保意识。这些都非常有利于培养孩子的责任感。

孩子有了责任感之后，自然会产生爱心和善心。为此，父母可以带孩子帮助别人劳动。比如，周末的时候，父母可以带孩子去养老院帮老人做些事情，让孩子感受帮助他人的快乐。节目主持人杨澜每次做完慈善工作，都要向儿子汇报情况，目的是让儿子从小树立慈善观念。在儿子当班长时，杨澜就和儿子达成共识：做班长就要牺牲自己服务大家。一般来说，有责任心和爱心的孩子，比较会顾及周围的人的感受，不会像“小皇帝”或“小公主”那样自私自利，冷漠无情。

俗话说：“滴水之恩，涌泉相报。”我们身边的许多孩子由于缺乏感恩教育，不管父母付出了多少心血，从不会感到珍惜。比如，有的孩子花起钱来大手大脚，每当家长给孩子零用钱时，孩子都觉得非常心安理得，甚至还会抱怨家长给的钱太少。家长给孩子买衣服，孩子却嫌衣服太便宜。诸如此类的情况都表明孩子不懂得感恩。

感恩的种子是需要培育的。假期的时候，父母可以带着孩子到乡下去体验生活，让孩子懂得“粒粒皆辛苦”的道理，明白劳动的重要性。在学校里，老师可以让孩子们明白老师的辛苦、食堂员工生活的不易。

英国教育家洛克说：“把子弟的幸福奠定在德行与良好的教养上面，那才是唯一可靠的和保险的办法。”良好的教养是孩子一生的财富。有了这样的财富，即便孩子遇到各种挫折或失败，照样能够勇敢地生活下去。

贴心提示：怎样做一个有教养的父母

培养有教养的孩子，父母要以身作则，先做有教养的父母。

- 树立温和敦厚的形象。父母要在孩子面前保持优雅的仪容仪表和得体的着装等。

- 保持文明得体的谈吐举止。父母在谈吐方面要诚恳、亲切、大方，使用文明语言。
- 在公众场合，注重保持良好的形象。父母在乘车、购物、进餐的时候，不随地吐痰，不乱扔垃圾，能主动照顾老人、孕妇和残疾人等。
- 做一个守时的人。

家长也能培养孩子的学习能力

每逢中考、高考前夕，小城的孔庙人满为患，家长们纷纷在孔庙里烧香许愿。听孔庙的管理人员说，有不少家长连夜赶来排队等候，足足等上六七个小时。家长们的虔诚令人感动，但从另一个侧面反映出，现代家长对孩子的期望值很高，都希望孩子鲤鱼跃龙门。

高女士是一个事业有成的母亲，唯一让她感到担忧的是孩子的学习。她的孩子不仅学习成绩很不好，还厌烦学习。

相信读者朋友遇到这样的情况，肯定也会跟高女士一样心急如焚。为此，高女士找过孩子的老师，还想把孩子寄宿在老师家里。结果，老师对高女士说："你的孩子还有潜力，学习优秀哪有那么难呀？"

老师的话让高女士疑惑不解，想想自己都已经为孩子请了家教，可孩子的学习成绩却依然毫无起色，莫非是孩子的智商有问题？于是，高女士将孩子领到专门的机构测试智商，结果显示孩子的智商并没有任何问题。高女士依然不放心，还特地将孩子送到心理咨询中心诊疗。这样折腾了好长一段时间，孩子的成绩不但没有进步，还对学习更加反感。

高女士越想越焦急，就像热锅上的蚂蚁，便又去与老师商量对策。老师告诉高女士，孩子学习不好是长期积累的结果，想要立刻变得优秀起来，并不是一件容易的事情。

老师还告诉高女士，天资固然重要，但并非对学习起决定性作用的因素。有相当一部分天资一般的孩子通过后天努力也能出类拔萃。

心理学家研究表明，影响孩子学习的主要有三大因素：智商、情商和环境。在智力正常的情况下，孩子的学习主要由情商决定，当然不排除环境的影响。高女士看似已经为孩子的学习付出了很多心血，但她看到的只是孩子的成绩，并没看到孩子成绩差的真正原因，所以她的努力并不能取得预期的效果。

想让孩子学得轻松又优秀，这或许是每一个家长的愿望。孩子上学后，家长首先要培养孩子的学习能力，重要的是培养其阅读能力、思维能力、学习意识、行为习惯和学习兴趣。

培养孩子的这些能力，是一个长期的过程，还需要老师的协助。孩子的阅读能力是孩子学习的最基本能力，得从小培养。学习优秀的孩子都有很强的阅读能力，而阅读能力突出的孩子，他的学习能力同样不会很差。

至于孩子读什么书和怎么读，可能是许多家长感到比较困扰的问题。这时候，家长可以和老师协商一下，制订一个比较详细又容易操作的阅读计划。有了计划之后，如何实施又是一个问题，这同样需要家长和老师共同引导和监督，帮助孩子养成爱读书的习惯。

有经验的老师，还会建议家长多培养孩子的思维能力，因为好的思维能力会使孩子的学习实现质的飞跃。

几年前，我碰到一个思维特别活跃和敏锐的孩子。他在做数学题目的时候，就像庄子所说的“庖丁解牛”的故事一样，不到3分钟就能把一道难题非常完美地解答出来。他在学习上所花的时间不多，但学习成绩一直名列前茅。这就是思维能力的力量。

孩子在学习中，最重要的是形象思维、逻辑思维和举一反三的思维。培养孩子的思维能力，重在启发。有条件的家长，最好早点培养孩子的思维能力。家长可以和孩子一起玩一些拼图、走迷宫等智力游戏，在玩中开发孩子的智力。

如果孩子的思维能力比较一般，家长可以和老师沟通一下，让老师协助家长设计一些提高思维能力的有效方案。

如果说阅读能力和思维能力都是学习的基本条件，那学习意识就是学习的强大动力。孩子的学习意识不强烈，有一个重要原因就是生活在温室中，感受不到生活的艰辛。港台地区为了让孩子体会到父母工作的辛苦，专门开办了“父母工作体验”场所。孩子进入此场所，既能了解父母所从事的工作，又能切身体验到父母工作的辛苦。据说，许多孩子体验后，变得更加懂事，在学习上更加努力。

虎门销烟英雄林则徐一方面教子要“敬师勤读”，另一方面重视实践，教子学种庄稼，认为“农民为世间第一等最高之人”，并督促孩子“黎明即起，勤学稼穑”，还强调“读书贵在用世”，真可谓用心良苦。

家长也要注意教育的方式，重在以自己的言行和人格魅力影响孩子。此外，还要注意培养孩子良好的行为习惯。哲学家威廉·詹姆斯说：“播下一种行为，收获一种习惯；播下一种习惯，收获一种性格；播下一种性格，收获一种人生。”培养孩子的行为习惯一定要严格，因为这也能开发孩子的情商。学习兴趣同样非常重要，需要从小培养，而完整、温暖、和睦的家庭是培养孩子学习兴趣的基础。

所以说，要想孩子学习优秀并不难，关键在于家长能否抓住教育孩子的最好时机，增强孩子的学习意识，培养孩子的学习能力和学习习惯，并且及时开发孩子的情商和智商。

贴心提示：如何提高孩子的学习成绩

没有一个孩子是学不好的，除非他有天生的智力障碍，否则提高孩子的学习成绩并非难事。

- 帮助孩子建立适合自己的学习模式。成绩优秀的孩子都有自己独特的学习模式和学习策略，家长可以帮助孩子建立适合自己的学习方式。
- 排查阻碍孩子学习的因素，如生理、心理、环境等因素。如果孩子过于肥胖、体弱多病、心理忧郁等，均不利于学习。家庭环境不够和谐、师生关系或同学间关系不够融洽都有可能影响孩子的学习。
- 让孩子学会自我管理。给孩子创造一定的宽松空间，端正孩子的学习态度，调动孩子的学习热情，才能发挥孩子的主观能动性，让孩子学会自律。
- 经常给孩子正面的心理暗示。家长不在孩子面前唠叨，多鼓励孩子，把孩子的潜能挖掘出来。家长应当避免将孩子和别人孩子作比较，因为这样容易打击孩子的自信心。

别奢望每一次沟通都有效

周周妈算是一个比较勤快的人，常常找老师沟通，有时问问孩子的学习情况，有时谈谈孩子的校园生活，有时说说孩子的个性特点……尽管周周妈付出了很多，可孩子依然不会自觉学习，这让周周妈开始怀疑起自己所做的一切：为什么自己跟老师沟通，还起不到任何效果，难道自己的沟通有问题？

关于这个问题，周周妈和我聊起过，她曾非常不解地问："我发觉自己这样找老师沟通也不是办法，可能老师还会对我有意见。我还要不要找老师沟通呢？"

我说："你做得没错，这是比较普遍的沟通现象，很多父母总以为只要自己和老师沟通了，就一定会有效果。其实不然，并不是每一次沟通都是有效的，都能解决孩子的问题。家长和老师沟通只能说迈出了解决问题的第一步，还有更多的事情等待老师和家长帮助孩子一起解决。"

周周妈又问道："那我这么长时间的付出，为什么就没效果呢？孩子照样不会自觉学习，成绩依然很差，我怎么能不急呢？"

我解释说："你和老师沟通已经迈出了可喜的一步，很多父母还怕和老师沟通呢，即使发现孩子存在问题，他们也不会主动去找老师沟通。至于你的沟通为什么不会产生效果，可能有这样几个方面的原因。一是你没有找准要沟通的话题，家长在和老师沟通时，最要不得的是没有沟通话题。很多家长找老师沟通，但不清楚自己要和老师谈什么内容，这样的沟通也是浪费时间。比如说，明明是孩子的学习态度有问题，可家长却要和老师谈学习时间、学习方法，唯独忽视孩子的学习态度，这就是没找准沟通话题。所以，沟通话题一定要明确，甚至要十分精确，确保谈到点子上。”

我继续说：“二是你在沟通时偏离主题。有了沟通话题之后，接下来要做的就是不能偏离沟通主题，不能离开沟通主题而谈一些无关的生活小事，或者是碍于面子，不愿意在老师面前暴露孩子的缺点和不足之处，因而有意避开关键问题。三是你的沟通话题没有引起老师的注意。沟通是一个非常漫长的过程，需要耐心。有时候，你把孩子的情况告诉老师，可老师把它给忘了，都是有可能的。假如出现这样的情况，我们该怎么办呢？我认为，家长需要和老师多次沟通，必要的时候还要提醒一下老师，让老师重视孩子的问题。四是你没有和老师达成共识。如果家长和老师沟通了，但意见不合，各做各的，没有一点共识，那也无法解决孩子的问题。”

周周妈听了之后，点了点头，似乎解开了心中的疑惑，她说：“看来是我太心急了，我想一次沟通就能解决所有问题，还有一点就是我和老师沟通时，常常说一些题外话，没有针对真正的问题和老师进行沟通。”

我笑了笑，说：“你说得有道理，家长是应该格外重视沟通的过程及细节问题。那你都和老师谈了些什么问题呢？”

周周妈想了想说：“孩子学习不好，我以为是学习方法出了问题，就和老师谈学习方法，也把老师的学习方法介绍给孩子，可孩子依然像以前那样，学习很不自觉。我们还聊到孩子的学习态度和孩子在学校的表现，可这都不能解决孩子的问题。”

我对她说：“孩子学习不自觉，主要原因不在于学习方法和态度，而是在于家庭教育出了问题，父母没有从小培养孩子的独立自主能力，孩子的自理能力比较差，会使孩子在学习上出现懒散、不主动等现象。另外，父母没有从小培养好孩子的学习习惯。父母陪孩子学习次数和时间太多，或者给孩子请家教，都会使孩子学习不自觉。老师对孩子的影响也很重要，一个值得孩子信任的老师，会使孩子更加爱学习。看看你的孩子问题出在了什么地方？”

周周妈总算露出了笑容，感激地说：“谢谢老师，我知道怎么回事了。”

我说：“我们要相信沟通，但要认识到不是每一次沟通都是有效的。”然后，我举了一个事例。

有个叫小朋的孩子，平时爱欺负同学，很多同学都对他有意见。老师知道后，把小朋的情况反映给他妈妈。小朋妈知道孩子不听话，给老师添了麻烦，连忙向老师道歉。

第二天，小朋妈为了孩子的事情，专门去了一趟学校，向老师请教怎样避免孩子欺负同学。回家的时候，小朋妈还特地请老师多关照孩子。

回到家后，小朋妈舒了一口气，高兴地对丈夫说：“我和老师谈了很多话，老师还教给我好多方法，总算可以把孩子管好了，省得以后再去找老师。”

可是，没过两天，孩子的老毛病又犯了，和班级里的一个女同学吵了起来。老师又打电话过来，语气比前几次都要严肃，还让小朋妈把孩子留在家里反思一周，不准孩子去学校上课。

小朋妈知道孩子闯了大祸，一回家就把孩子狠狠批评了一顿，还动手打了孩子，一边打一边骂：“谁叫你这么不听话，还打女同学！”小朋被他妈打得哭个不停。

那天下午，小朋妈把孩子留在家里，自己去学校找老师了解情况，又和老师谈了许多。

其实，细心的父母可能早已看出了小朋妈所犯的错误。

第一，小朋妈没有真正理解沟通过程的持久性，以为单凭一次沟通就能解决问题，而忽视了孩子问题的复杂性。很多时候，孩子的问题都是长期积累的结果，有很多深层次的原因，就比如小朋爱欺负同学这件事情，不能简单地认为他生性如此。

第二，小朋爱欺负同学的主要责任并不在老师，而在父母不恰当的教育方式。像小朋那样爱欺负同学的孩子，主要是因为父母没有注重培养孩子的爱心和同情心，导致孩子从小任性、以自我为中心。而小朋妈在和老师沟通时，把责任推给孩子，总以为孩子天生就不听话。

第三，小朋妈没有抓住沟通时机反思自己的行为。孩子出现了那样严重的问题，父母只想到解决当下的问题，却没有反思自己的教育方式，出现了头痛医头、脚痛医脚的情况，不能从源头上解决问题。小朋的问题实际上与其父母的教育方式非常有关系，而且当小朋欺负女同学的时候，小朋妈还打骂孩子，这更不利于问题的解决。

巧的是，我还认识一个叫果果的孩子，她上初一之前，她妈问过我该不该和老师沟通一下。我给她的建议是：把孩子的性格特点、兴趣爱好、在小学期间的表现和孩子的缺点等告诉老师。果果妈知道，孩子有一个大的缺点就是上课注意力不集中，经常走神，爱睡觉，所以学习成绩一般。

开学那天，果果爸妈带孩子去学校报名，见到了孩子的班主任，并和老师谈了谈孩子的情况，也把孩子的缺点告诉了老师，临走前还特地恳求老师多关照一下孩子。回到家后，果果爸对果果妈说："我们这样诚恳地跟老师沟通，应该不会出什么问题了，我们可以安心工作了。"

果果上学后的前几个星期，都还比较安稳，老师没打过电话到家里。想起孩子读小学的时候，每星期都有老师打电话到家里，果果妈感到非常欣慰，庆幸自己跟老师沟通得早。

可是，一个月之后，果果带回了一张家校联系卡，让妈妈签字，家校联系卡上写着果果第一次考试的成绩和班主任对孩子的评价。果果妈一看，吓了一跳，孩子除了语文刚好及格，其他几门功课都不及格，数学只考了 23 分，这让她非常气愤。一看老师的评语，果果妈终于知道孩子成绩为什么那么差了。老师的评语是这样写的：一个月来，您的孩子慢慢适应了初中生活，能够遵守纪律，尊敬老师，和同学和睦相处，但您的孩子过于内向，学习上有很多毛病，上课不专心听讲，经常在下面做小动作，上课睡觉被任课老师发现好多次，希望家长能够配合，教育好孩子。果果妈看完老师的评语后，非常纳闷地说："这些情况，我不是都和老师说过了吗？"

很多时候，家长的确会碰到像果果妈那样的情况，明明自己都已经和老师沟通了，可孩子的老毛病依然没有改变。其中的原因恐怕要从老师、家长、孩子三方面去考虑。

从老师的角度来看，老师可能过于忙碌，而忘了家长的提醒。从家长的角度来说，家长在沟通的时候，可能只是口头上和老师说，而忘记把一些重要的事情写在纸上或发条短信息给老师，作为再次提醒。从孩子的方面来说，由于一些孩子内向、不爱讲话、成绩平平等因素，很容易被老师忽视，而且很多老师都抱着这样的想法：只要孩子不出大问题，就用不着联系家长。

由于这些因素的影响，即使家长和老师沟通了，也不一定能达到希望的效果。

所以说，沟通是应该的，但不是每一次沟通都能马上产生效应，沟通需要时间和耐心，需要勇气和智慧。我们在和老师沟通的过程中，切忌抱着一劳永逸的心态，只有经过多次有效的沟通，才有可能解决孩子存在的问题。

沟通需要智慧，也需要耐心，需要家长和老师共同配合。要记住：只要每一次沟通都能有所收获，那离预期的效果就不远了。

贴心提示：遇到不喜欢沟通的老师怎么办

有时候，我们也会遇到一些不喜欢沟通的老师，他们大都不喜欢和家长面对面地交流。当我们遇到这种情况，又该如何去做呢？

首先，我们应该冷静对待。假如我们碰到老师，想和老师沟通一下，可没说几句话，老师就想结束谈话，这时不用慌张，可以选择暂时先不和老师沟通。这是一种比较理智的做法，如果我们因为老师态度冷漠而生气，那会增加紧张气氛，不利于以后的沟通。

其次，理解老师不喜欢沟通的复杂原因。老师不喜欢和我们沟通，可能因为老师的性格因素、老师当时心情不好、老师比较忙碌或是老师遇到了什么麻烦事等。其实，每个人都有不喜欢和别人沟通的时候，站在这个角度看待问题，也是为以后沟通做铺垫。

最后，可以换种方式和老师沟通。遇到不喜欢面对面沟通的老师，我们可以用其他方式和老师沟通，比如电话、短信、书信、QQ、微信等。我们也可以选一个恰当的时间和老师沟通，比如等老师不忙碌的时候，或是老师心情比较好的时候。

第二章 家长『挑事』，孩子更安全

人非圣贤，孰能无过。每个人都有犯错的时候。戴尔·卡耐基说："如果你是对的，就要试着温和地、有技巧地让对方同意你；如果你错了，就要迅速而热忱地承认。这要比为自己争辩有效有趣得多。"诚然，沟通双方都有犯错的时候。当父母发现老师犯错时，有没有认真反思过自己的行为呢？

怎能这样教孩子说谎

我们常说，学校是孩子成长的摇篮，是孩子汲取知识的海洋。在学校里，孩子能够收获许多宝贵的知识和经验，促进其精神上的成长。

可是，如果出现以下情况，那家长又该怎么办呢？

孩子写说谎作文获表扬

有人说，孩子天生不会说谎。孩子的心灵是透明的，我们常常为孩子的天真无邪和诚实守信而感动。

但是孩子也有说谎的时候。前段时间，有一位年轻妈妈跟我聊起了这样一件事。

我的孩子刚上小学三年级，性格比较外向，经常和我们谈起学校发生的事情。上周五晚上，孩子在书房写作业，我无意中看到他写的作文，有一篇作文《我的妈妈》得了“A”。我倚在书桌前饶有兴趣地看了起来。孩子的作文果然非常感人，写到妈妈遭遇了一次车祸，双腿差点残废，但妈妈非常顽强，依然撑起整个家庭。我读完作文后，发现老师这样评价道：“你的文章非常真实感人，结构完整，符合主题，是一篇非常优秀的亲情作文。”我一看这作文，便认定孩子在说谎，因为我根本没发生过车祸，而且一直陪伴孩子学习。令我难以理解的是，这样说谎的作文怎么能得“A”呢？老师不但没有指出，而且在鼓励孩子写这样的作文。

正当我拿着作文本问孩子的时候，孩子一把夺回了他的作文本，并说：“不许你看！”我连忙问他：“你怎能这样写我呢？”孩子非常得意地说：“没事的，上次班级里有个同学写了篇她的爸爸勇斗歹徒不幸牺牲的作文，结果被老师当作范文宣读。后来，我发现她爸爸好好的，还经常到学校接她回家呢。”听到孩子这么一说，我倒吸了一口凉气。我一直想把孩子培养成诚实守信的人，可现在我真不知道该怎么办。我要找孩子的老师说说吗？

我认真地听完她的叙述。可以说，老师默许孩子在作文里说谎已是不争的事实。我们经常看到，一些孩子为了使自己的作文能够获得高分数和老师的好评，不得不去编造一些故事，而那些按照事实说话的作文却被判为不合格作文，甚至是零分作文。

其实，孩子说谎多半是被迫的，迫于某种压力。比如，孩子刚开始学写作文时，虽是在模仿样文，但总倾向于自然地表达自己的想法。可当孩子的作文被老师判为不及格，被老师严厉批评时，很多孩子便开始反思自己的作文，甚至“洗心革面”，写出令老师满意的作文，而这样的作文难免会夹杂一些说谎的成分。

孩子说谎的另一个原因便是模仿，模仿大人说话，模仿作文参考书的写法。大人在孩子面前说谎，会潜移默化地影响孩子的言行。另外，市场上有许多“优秀作文”或“满分作文”，这些作文是孩子所追求的理想作文。如果孩子长期阅读这样的作文，那势必影响孩子纯真的心灵。

可能也有人认为，作文可以杜撰可以虚构，甚至拿出“艺术源于生活，高于生活”做幌子。但孩子尚不具备理性思维，让他们将所见所闻、真情实感写出来，才是最重要的。老师用分数和好的评语鼓励孩子写说谎作文，不仅会对孩子的品格产生不利的影响，且违背了“真实”这一作文原则，所写的作文不过是“作秀”罢了。

关于学校的说谎教育还能举出一些例子，比如，上级教育部门来学校检查时，有些老师要求学生造假，就是比较常见的事情。

我在中学当老师时，有一年正碰上学校教育质量评估。校长接到教育部门的通知后，立即要求老师更换掉所有的课程表，新的课程表中有许多体育课和活动课，孩子们都非常高兴。校长还特地集合全校师生讲话，布置任务，要求全校师生统一口径，说学校是如何实行素质教育的。当时，有不少孩子就在底下窃窃私语：“这不是要我们说谎吗？”我听后，直冒冷汗。

与写说谎作文相类似的是孩子考试作弊得高分，这些都涉及诚信问题。

孩子考试作弊得高分

我们的老师一心想把孩子培养成诚实守信的人，几乎时刻在孩子面前唠叨：考试千万别作弊，作弊就是偷窃别人的果实。可是，孩子依然经不起分数的诱惑，纷纷在考场上使出作弊的绝技。有一次，我跟一个初一的孩子聊天，得知了一些孩子作弊的故事。

星期一上午，老师对我们进行了数学单元测试。试卷发下来后，我便开始紧张地答题。突然，我一抬头发现有一个同学鬼鬼祟祟地，正在抄袭旁边同学的试卷答案。我一时没想到要告诉老师，就只管自己解答题目。考试结束后，那个考试作弊的同学竟然在教室里狂欢起来，还说一定会考得很好。星期五上午，数学老师把改好的试卷发给同学们，并当着大家的面表扬了几个成绩比较优秀的同学，其中果然有那个作弊的同学，他得了98分。我偷偷地看了他一眼，他笑容满面。老师，您说那个同学值得庆贺吗？他明明是通过作弊方式获得了高分，为什么老师还要表扬他呢？难道老师看重的只是分数？那我也作弊去好了。

听了这孩子的故事，我心里隐隐作痛。我们都知道，孩子考试作弊是一种铤而走险的行为，可总有人选择作弊，这是什么原因呢？当其他孩子看到同学作弊时，为什么就不能站起来告诉老师呢？

有人说，孩子考试作弊是人性问题，也即天生的。我觉得并非如此，孩子考试作弊很大程度上是由于压力造成的，这个压力来自家长和老师。由于应试教育尚未真正退出历史舞台，孩子的学习评价依然以成绩为主。应试教育的重要特征就是只重视学习分数，只要孩子的学习成绩出类拔萃，便有升学的希望。所以，家长和老师都非常重视孩子的每一次考试。孩子考试成绩不好，当然会受到老师的批评和冷落，有些家长还会严厉地惩罚孩子。对一个孩子来说，他怎么能承受得起这般压力？为了得到高分数，获取家长和老师的表扬和赞赏，走上作弊之路实属被迫的无奈之举。

著名记者闾丘露薇在《不分东西》一书中讲述了这样一则发人深省的故事：

这让我想到另外一个朋友的经历，她是把自己的女儿从国际学校转到了本地高中。对于这些在中国成长的父母来说，虽然在国外生活了很久，但还是希望自己的孩子能够把中文学好。尽管女儿抱怨不习惯，她还是鼓励女儿坚持下去，她认为如果都没有办法适应学校的生活，以后又如何适应社会？直到有一天，女儿告诉她，考试的时候她看到身边好几个同学作弊，但她没有勇气告诉老师，只能自己放弃做考题。因为这是一次不公平的考试。朋友没有责怪女儿，而是决定让女儿离开，她不希望自己的女儿学好了中文，却建立了不正确的价值观。

也许有人会说，这是中西方教育方式不同罢了。其实，问题并不在这里，而在于我们的教育在培养孩子错误的认知和价值观。这种只重结果的教育，只会让更多的孩子对作弊产生浓厚的兴趣，所有道德说教都可能功亏一篑。

至于孩子为什么不站起来揭发同学作弊的行为呢，我想，原因无非是孩子担心自己被同学孤立或挨打，而老师又可能不会公正地处理问题，这暴露出当下学校教育的弊端。

我想，孩子受教育的目的不只是学习知识，更重要的是受到文化的熏陶，能够养成良好的行为习惯。如果孩子在受教育的过程中沾染了说谎、作弊等不诚信的恶习，那产生的不利影响将会非常大，可能伴随孩子一生。

如果家长发现了这样的问题，就不应该当作小事，更不应该视而不见。家长应及时与老师沟通，沟通时要注意这样几个方面：

- 在沟通方式上，最好采用请教或相互探讨的方式，家长从孩子的行为表现引出谈论的话题——诚信问题。比如，家长可以把孩子的说谎作文、考试作弊、说谎等事情当作话题。
- 围绕“诚信”的主题，和老师一起探究孩子说谎、作弊等行为的深层次原因。在这个时候，家长可以检讨一下自己教育孩子的方式，即自己有没有促使孩子产生不诚信的行为。
- 在找到孩子不诚信的原因之后，如何对孩子进行诚信教育，这是家长和老师需要探讨的重点。请见“贴心提示”。
- 之后家长和老师仍要保持及时沟通，反馈孩子的行为变化信息。

孩子是否诚信，能不能讲真话，这关系到教育的成败问题，好的教育正如教育家陶行知先生说的：“千教万教教人求真，千学万学学做真人。”对此，家长和老师都肩负着巨大的责任。

贴心提示：如何对孩子进行诚信教育

孩子是国家建设和发展的未来，他们是否诚信，不仅影响自身，也影响社会的发展和进步。为此，家长和老师都有必要对孩子进行诚信教育。

首先，家长和老师要以身作则，为孩子树立榜样。要做到在孩子面前不说谎，遵守诺言，言行一致。

其次，教育孩子得法，创造宽松的学习环境，赢得孩子的信任。家长和老师不要给孩子太大压力，不把孩子当作学习的工具，不用成绩逼迫孩子学习，不以严厉批评、恐吓、打骂等方式教育孩子。即使发现孩子存在说谎行为，也不能用粗暴的方式教育孩子，应善于了解孩子的内心世界，帮助孩子认识到不诚信的坏处。

再次，耐心对孩子进行诚信教育。家长可以用故事引导孩子学习诚信，老师可以利用课堂教学引导孩子认识到诚信的好处，或者组织诚信教育的主题班会课，让学生参与讨论，加深对诚信的理解。

最后，诚信教育从娃娃抓起，要严格把关，让孩子时刻牢记诚实守信。

令人哭笑不得的标准答案

考试是孩子学习中必不可少的环节，也是孩子掌握和巩固知识的重要途径。对于一个刚步入学校读书的孩子来说，考试是一件令人头疼的事，因为考试成绩关系到他在群体中的位置。

侄子上学之后，我们有时候会问他考了多少分，他总把最好的成绩告诉我们。有一次过年，我父亲问他："跟爷爷说说，你的语文、数学各考了多少分？"侄子毫不犹豫地说："100 分，都是 100 分！"有一次，我问他有没有考得不好的时候，他想了一会儿才说有一回语文考了 80 多分，只有一个同学考了 90 多分。可见，无论孩子多么小，他们都非常在意分数，并且希望用好的分数去取悦长辈。

有试题必有答案，而且在每一门考试中都有标准答案。尽管很多地方已将"标准答案"改为"参考答案"，但老师在阅卷的时候，大都会将"参考答案"当作"标准答案"。有一年期末考试结束后，学校组织老师集体阅卷，组长要求我们严格按照答案阅卷。一大摞试卷摆在面前，我发现虽然许多学生的答案与"参考答案"大相径庭，但非常有创意。于是，我怀着忐忑不安的心情，放宽了对学生答案的要求，只要意思有点对，都给他们一定的分数。不料，阅卷结束后，很多老师在背后议论纷纷，说某某老师阅卷"放水"，批改的成绩都很高。

如果"参考答案"十分合理，那倒可以作为"标准答案"，问题是很多时候，“参考答案”并非十分合理，甚至有许多谬误，令人哭笑不得，这是非常令人尴尬的事情。

有一次，佳明妈拿着孩子的试卷过来找我，跟我讨论起试题的答案。她很不服气地说：“孩子的答案这么好，老师凭什么就判成是错的呢？”

我仔细看了看试卷的题目，题目是这样的：冬天过后，是__________________。佳明写的是“大雁南飞的秋天”。按道理说，这样的答案也是合理的。我对佳明妈说：“你的孩子说得很对呀，看不出有什么错呢。”这时候，佳明妈急忙搬出“参考答案”说：“答案是‘柳暗花明的春天’，老师说凡是没写春天的都是错误的。”我这下可蒙了，一时搞不懂老师为什么那样刻板。

无独有偶，我不禁想起几年前发生在教育界的一件事情。有一个老师在上课的时候，出了这样一个题目：春天是什么？老师的话音刚落，许多学生纷纷举手发言，答案丰富多彩，比如，“春天是冰雪融化后的美丽”“春天是春姑娘的妈妈”“春天是花开鸟鸣的季节”……最后，老师宣布只有一个同学答对了，即“春天是一年四季中的一个季节”。当我看到这则新闻时，一阵心酸，我为老师的刻板而愤慨。我不由得产生这样的疑问：为什么那么多富有诗意和创意的答案都是错误的呢？难道老师对学生答题的评价仅仅依靠“标准答案”吗？

实际上，答案只是一种参考，任何学科都没有标准答案，即使是理科也一样。很多人都梦想进入英国的牛津大学学习，校方对新生都要进行一次面试，问题涉及各个学科，但每个问题均没有标准答案，校方只想通过面试了解学生的思维能力，仅此而已。

随着人们文化水平和批判意识的增强，越来越多的家长开始质疑孩子考试中的“标准答案”。《扬子晚报》曾报道说，某网友看了儿子的小学考试卷后，对老师的批改情况很不满意，他在网上发帖质问：为什么小学语文有那么多的“标准答案”？这位网友举了以下几个例子：

1. “一个春天的夜晚，一个久别家乡的人，望着皎洁的月光不禁思念起了故乡，于是吟起了一首诗：(　　)，(　　)。”

该网友的儿子答的是：“举头望明月，低头思故乡。”老师给了一个 ×。

标准答案是：“春风又绿江南岸，明月何时照我还。”

2. “《匆匆》这篇课文，是现代著名作家朱自清先生写的，同学们都很喜欢这篇散文，你能把自己最喜欢，印象最深刻的一句写下来吗？”

该网友的儿子写的是：“我的日子滴在时间的流里，没有声音，也没有影子。”但后面又是一个好大的 ×。

标准答案是：“但是，聪明的，你告诉我，我们的日子为什么一去不复返呢？”

3. “请用一句话说明‘π’的含义。”

该网友的儿子回答的是：“π 的含义是圆周率。”

标准答案是：“π 是一个在数学及物理学领域普遍存在的数学常数。”

如果读者朋友碰到这样的情况，你又会怎么想呢？我们再来看一则新闻。

全国政协委员、天津市教委副主任孙惠玲曾于 2011 年两会期间给政协委员们出了一道孩子小学考试的试题：1、3、5、7、9，2、4、6、8 是按照奇数、偶数来分。那 1、3、7、8，5、9，2、4、6 是按什么分类的？结果在座身为教授、副教授和大学老师的委员们，没有一个人能给出所谓正确答案。

出人意料的是，这道题目的正确答案是“(数字)按照拼音来分，1、3、7、8 都是一声，5、9 都是三声，2、4、6 都是四声”。这里涉及声韵学知识，即所谓的“跨学科”答案，也即所谓的创新题目。可是，这样的创新有必要吗？

这样的案例还有很多，比如，诗人邹静之的女儿在读小学时，碰到一个问题：“关于思想一致，共同努力”改成成语是什么？邹静之告诉女儿答案是“齐心协力”，结果老师批为错误，因为标准答案是“共同协力”。这样的评判令人匪夷所思。

我想，试题是应该有答案，但不应该是“标准答案”，或用“参考答案”充当“标准答案”，这些都是可怕的做法，会对学生产生意想不到的副作用。

“标准答案”不是好东西，它会禁锢孩子的思维，扼杀孩子的求异思维和创造力。我们都知道，每个孩子都有一定的想象力和创造力，如果孩子长期接受“标准答案”的训练，那他终究会变成生产流水线上的标准化零件，没有了自己的思维特点。

当前我国中小学生的想象力和创造力不足，从侧面反映出当下教育的滞后，尤其是“标准答案”严重束缚了孩子的思维。著名科学家爱因斯坦说：“想象力比知识更重要，因为知识是有限的，而想象力概括着世界上的一切，推动着进步，并且是知识进化的源泉。”人的想象力和创造力是无穷的，但因为“标准答案”而使孩子在回答时变得束手束脚，总被习惯思维牵着走。

“标准答案”的存在，最大的危害是使孩子丧失了独立思考能力和批判精神。法国哲学家帕斯卡尔说：“人只不过是一根芦苇，是自然界最脆弱的东西；但他是一根能思想的芦苇。”可见，一个人存在于世，最重要的是独立思考能力和批判精神。如果孩子不具备这两样东西，那在日后很容易成为没有主见、人云亦云的“奴才”，而不是一个独立的、顶天立地的人。

此外，孩子长期在“标准答案”的“指引”下生活，也会滋生懒惰的习性，使越来越多的孩子对答案有了依赖性，而不愿意用自己的脑子去思考问题。

话说回来，考试只是评价孩子的一种方式，考试的目的不是扼杀孩子的想象力、创造力、独立思考能力和批判精神，而是最大限度地激发孩子的学习兴趣，拓展孩子的思维，最终培养孩子的独立性。

如果家长碰到这类情况，可以和老师沟通一下，谈谈自己的看法，让老师尽可能地保护孩子的想象力和创造力。在这种情况下，很多家长肯定心存不满，但最好以平和的语气和老师交谈，探讨这方面的问题。家长也可以通过新闻媒体或网络平台，提出自己的疑惑，让更多的人关注“标准答案”这一问题。

因为在当下，我们都无法改变考试制度，我们唯一能够改变的是对孩子学习的评价方式，我们期待一种多元的、更有利于孩子成长的评价方式出现，让更多的孩子变得更有活力，点燃思想的火花。

贴心提示：怎样培养孩子的想象力

孩子拥有想象力是好事，家长应做一个有心人，多培养孩子这方面的能力。有这样一些做法，不妨借鉴一下。

- 善于发现孩子的想象力。孩子在玩耍、游戏和提问中，都有可能展现出独特的想象力，这些情况都应该在家长的视线范围内。
- 尊重孩子的想象力。有些孩子表现出独特的想象力时，家长会觉得很不耐烦，很可能拒绝或打断孩子，这在无形中扼杀了孩子的好奇心理。
- 多让孩子玩一些智力游戏，开发孩子的想象力，如拼图、棋类、积木等。
- 教孩子学会幻想，以此激发想象力。家长可以引导孩子进行幻想，以“假如……”开始，让孩子发挥想象力。

轻松应对老师的不合理请求

有时候，孩子们会跟我聊起学校的老师，在他们眼里，既有“好”老师，也有“坏”老师。孩子们都喜欢好老师，喜欢那些教学水平高、幽默又会关心人的老师。对那些严厉而冷漠的老师，孩子们则不是很喜欢，因为这样的老师经常吓唬他们。

的确，社会上有一些坏老师。但是，我要说的坏老师并非孩子们眼中的那样。有一天晚上，我接到一个电话，对方是一位母亲。她说自己碰到了一件麻烦事，孩子的班主任给她家送了好多贵重的礼品，洋酒、高级补品和化妆品，她不知道该怎么回绝。

我问：“老师为什么要给您送礼啊？”

她想了好一会儿才说：“我也不大清楚，可能跟我老公有点关系吧。我们第一次送孩子上学的时候，还特地找老师交流，当时我老公也在。老师就问起我们在哪个单位工作，我老公说自己在办公司。”

我又问道：“这有什么关系呢？您看现在的老师都属于公务员性质了。”

家长说：“孩子的班主任说做老师没前途，工资不高，人又辛苦，说想去外面闯荡。当时，我们也没怎么在意这件事情。只是我们临走的时候，我老公说了一句客套话：‘以后有什么需要帮助的，可以找我。’从这学期开始，老师就经常给我们打电话，还谈到家庭压力非常大，说做教师没有出头之日。”

“那老师什么时候开始给你家送礼的？他送礼的时候说了些什么？”我继续问道。

她说：“送礼是从这星期开始的，他只是说现在做家长比做老师更加不容易，说自己要做第一个感谢家长的人。他这么一说，搞得我们很不好意思。”

我想了想说：“看来，老师给您送礼是有名堂的。我还是第一次听说有这么一回事，而且可能是老师真的有求于您。”

家长急忙问：“那我们应该怎么办呢？说实在的，我们不知道能不能帮他，也不知道该怎么帮他。如果老师想要到我们公司工作，我们倒也愿意，就是担心会毁了他的前程。但是，老师给我们送礼，我们都觉得很过意不去。说来惭愧，我们平时把孩子交给老师，可没给老师送过礼。”

听家长这么一说，我倒有些不知所措，因为我还没处理过这样的事情。果然世界之大，无奇不有。2018 年十一长假期间，上海一所小学有一道作业内容引起了家长的不满。这道德育作业的内容是要求学生用树状图写出至少四代家族成员的职业，还要注明“建国以来，家族中曾经有过哪些名人、功绩或者是谁为社会或家庭做出了重大贡献，或是某一行业内的一把好手”。我们先不说老师的初衷是什么，但这样的做法多少是可疑的，让人怀疑老师借此搜集家长的信息资源是出于什么目的。以前，我只听说过家长给老师送厚礼，但从不知道还有老师给家长送礼的事情。后来，我一调查，发现的确存在这样的现象，有些老师为了自己能够升职，常常给当领导的家长送礼，也有些老师想进入商界，会悄悄地给企业老板送礼。

假如我要求家长当面拒绝老师的礼品，怕要伤害老师，进而伤害到孩子。于是，我对那位焦虑不安的家长说：“您不妨找个机会，和老师谈谈，听听老师的想法。”

家长问道：“我也是这么想的，那我应该怎么和老师说呢？有没有好的方法？”

我说：“沟通的时候，最好从孩子的学习谈起。第一，选一个离学校比较远又比较安静的环境，比如咖啡馆、茶室等。因为老师有心事，他又不大愿意让其他同事或朋友知道。选择这样的环境，会让老师感觉比较安全。第二，多谈谈孩子的学习，借此机会感激老师。因为每个人都有虚荣心，可能某些人的虚荣心更加强烈一点。这么一说，能够使对方感觉自己得到认可，便于深层次沟通。第三，可以引出老师送礼的话题，表明老师的礼物让您感到很过意不去。第四，表明自己的立场，即使老师想让您帮忙，也没必要送礼，尤其是送那么多贵重的礼物。”

家长听后，忙说：“那我去试试看。我们很想把礼物退还给老师，但不知道怎么退，我怕当面退还，会让老师有意见。”

我听后，笑了笑说：“其实，退还礼物很简单呀，您可以把全部礼物都退还给老师，但退还的时候要注意分寸，您可以买一些小礼物和这些礼品一起送给老师，当作感谢。您这样做，老师也不会觉得难堪。”

家长说：“好的，我知道怎么做了，谢谢您。”

家长挂了电话，我总算松了一口气。可是，我又觉得似乎还有问题。我在想，假如礼物被退还之后，老师心里不舒服怎么办？假如老师很想让家长帮忙，却遭到家长委婉拒绝，会不会影响到孩子呢？

几天之后，我的担心变成了现实。那位家长再次跑来找我，又跟我谈起这件事情。她说已经把老师的礼物退还了，可老师对孩子的态度有了变化。从那以后，老师没有再给他们送礼，也没再打电话给他们。即便孩子在学校得了奖，老师也没有像以前那样亲自打电话给家长报喜。令人不可思议的事情还在后头，老师不再像以前那样热情地对待她的孩子，就连上课都不叫她的孩子回答问题。

听家长这么一说，我叹了一口气，既为孩子感到担忧，也对那位老师的做法感到很不理解。那位家长说：“我现在该怎么办才好？我的孩子要不要转学呀？如果这样下去，我最担心老师忽视孩子。

这样，孩子也会有压力。”

我说：“遇到这样的老师，确实有点麻烦。您可以约老师出来喝茶聊天，可能要多次约他才会答应。您和老师谈谈自己的人生经历，特别是您老公的创业经历，目的是让老师敞开心扉谈谈自己的心声。比如，您可以这样说：‘我们遇到很多艰难险阻，也很想有人来帮帮我们，可就是没人出现。我们也曾想做老师，因为能有一份稳定的收入，可我们没这样的条件，只得自己打拼了。’只要老师愿意倾诉，那后面的事情就比较好办了。”

那位家长的事情可谓一波三折，但最后也总算解决了，听说那位老师想到那位家长的公司谋个高层职位。经过一番坦率的交流，彼此之间消除了隔阂，老师也恢复了往日的笑容。

诚然，老师有求于家长或向家长索要钱物，这只是极个别的现象。除上述方法以外，家长也可以采用迂回的方法，巧妙地化解这份尴尬。当我们遇到这种现象时，不妨直接找学校领导，说最近有骗子谎称是学校老师向家长勒索钱物，希望能引起校方的警惕。这虽是善意的谎言，但确实能引起学校领导的重视。这样做的好处是，既保护了老师的隐私，不伤害老师，又能制止老师的不正当请求行为，可谓一举两得。

贴心提示：老师通过孩子间接向家长求助怎么办

有时，老师会向孩子直接求助，比如，老师的家人、亲朋好友想让学生家长帮忙。这时，家长应该怎么应对呢？

- 家长要先分析事情的性质。如果不涉及公事，比如，老师向家长借钱，家长可以直接和老师沟通。如果涉及公事，已构成托关系走后门的性质，家长可以依据自己的原则拒绝老师的要求。
- 家长在拒绝老师时，最好能说明情况，态度委婉。
- 和孩子探讨此类问题的处理方式，这也是对孩子的人生教育。

当你难以接受老师的价值观

当老师的价值观难以被我们接受时，作为家长，我们又该怎么办呢？诚然，家长和老师难免会有思想上的冲突，会因为价值观的不同而出现各种分歧。

老师常在课堂上讲爱情故事

有一位家长曾多次找过我，说起孩子老师的事情。

最近，我发现孩子像变了个人似的，出门前总爱照镜子打理头发。有一天下午，孩子放学回家，像小鸟一样飞进房间。过了一会儿，孩子从房间里出来，非常得意地说："妈，今天老师给我们讲了徐志摩和陆小曼的故事，好美丽的爱情故事啊。"孩子的这一感叹，让我大吃一惊。

当晚，我和孩子聊了很长时间。孩子告诉我，她的语文老师特别喜欢在课堂上讲爱情故事，常常一讲就是半节课，孩子们听得如痴如醉。我的女儿也受到影响，变得特别喜欢打听八卦新闻。现在，孩子已上初二，我们家长很为孩子无心向学而感到担忧。

我能理解那位家长焦急的心情和她的担忧，但老师在课堂上讲爱情故事会影响孩子学习吗？老师能不能在课堂上讲爱情故事呢？

早在2006年的时候，上海部分中学的初三语文实验教材中专门设立了“爱情如歌”的单元，选取的文章为苏霍姆林斯基的《给女儿的信》、舒婷的《致橡树》、普希金的《致凯恩》、苏童的《老爱情》、夏洛蒂·勃朗特的《因为我们是平等的》、公刘的《只有一个人能唤醒它》和秦观的《鹊桥仙》。此举一出，引发了社会争议，许多家长担心老师会将孩子引向“早恋”，老师也担忧该如何组织设计教学。有一个初三女生的家长这样告诉记者：“我觉得开设爱情单元毫无必要。这些爱情的范本学生完全可以从其他方面获得。学生还是应该以学业为主，专门在课堂上讲授爱情显得有些不伦不类，甚至会引导一些不想这方面事情的孩子专想‘恋爱’。”

这位家长的担忧具有代表性，他们担心这样的教育会适得其反，对孩子造成不好的影响。但我认为，爱情是人类情感的自然表现，与其采用封堵的方式禁止孩子谈恋爱，不如以正确的方式疏导。该教材的主编范守纲教授认为：“我们设立这个单元，就是要多角度地告诉中学生爱情是什么。比如《给女儿的信》，说明了爱情的内涵是什么；《因为我们是平等的》，则说明了爱情需要相互尊重。把这么多描写爱情的名篇集中在一个单元，是为了让教材更贴近中学生的身心发展，帮助他们了解人类最美好的情感。”

老师该怎样向孩子传播爱情知识，这是一个非常棘手的问题。传播爱情知识并不是越早越好。老师可以在孩子青春期到来的时候，适当地向孩子讲解爱情观和古往今来的经典爱情故事，帮助孩子树立正确的价值取向，培养健全的人格。过早或过迟向孩子传播爱情知识，都有可能失去教育孩子的最佳时机。

此外，老师不应鼓励孩子去实践。老师可以向孩子传播爱情知识，可以把爱情当作人生中美丽的果实，但别过早地引导孩子去实践。

传播爱情知识是必要的，因为爱情也是一门功课，但要注意时间和场合，家长也没必要为此而忧心忡忡。

令人难以理解的人生观

有一段时间，江女士为孩子上学的事焦急不安。据江女士反映，孩子在读小学五年级，班主任经常在课堂上向孩子们灌输他的人生观。按道理说，老师对孩子进行人生观教育无可厚非，但江女士担心老师会将孩子引入歧途。她告诉我这样一件事。

> 有一天，孩子放学回家，突然冒出这样一句话："妈，为什么爸爸不去政府部门上班呀？"当时，我没怎么在意孩子的话，就敷衍了一句："傻孩子，以后看你努力了。"孩子又说："老师要我们以后去当官，说当官有权有势。老师还要我们做超级大富翁，像比尔·盖茨那样有钱。老师说，那些普通工人、白领都没前途，只会一辈子替人家打工，爸爸是不是也这样？"
>
> 我还是第一次听孩子说这样的话，一下子蒙了，不知道如何作答，便问了孩子一句："老师都是这样跟你们说的？"孩子告诉我，他的老师经常炫耀自己认识多少政府官员和成功商人，还将自己和这些人的合影拿到教室宣扬。听孩子说，老师还鼓励孩子们学会"人际交往"，如学会给人送礼、吹牛、溜须拍马、与有权势的成功人士交往……

江女士的担心不无道理。孩子毕竟还小，尚不具备独立思考的能力，很容易被人错误诱导。虽然老师的出发点是为了孩子有一个"成功"的未来，但这样的观点依然是片面的，因为成功不仅仅是当官或发大财，成功的定义不止一种。社会需要政府官员和成功商人，也同样需要作家、学问家、法学家、艺术家等，即便这些人没权势，甚至没地位、没金钱，但他们依然很成功。其实，大多数人都比较平凡，在默默地奉献自己的青春，这些人也是成功者。

老师很“愤青”

如果孩子遇到“愤青”老师，家长该怎么办呢？“愤青”一词是“愤怒的青年”的简称，指那些对社会现状不满、愤世嫉俗的年轻人。社会上的确存在这样的老师，可能也会在课堂上发发牢骚。我记得，有一个家长曾跟我说起这样一位“愤青”老师。

> 孩子在读初二，对很多社会问题都感兴趣，常常跟我们说起社会上一些不好的现象，有时还很激烈。我们大为吃惊，不知道孩子中了什么邪。后来，我问孩子：“你怎么知道那么多社会新闻？”孩子有点得意地说：“老师说的，老师经常跟我们说‘社会真相’。有时候，老师还会当着大家的面发牢骚呢。”对于这位老师如此“愤青”，我也早有耳闻，想不到他竟成了我们孩子的老师。看着孩子学起老师的样，变得愤世嫉俗，我真想跑去学校找老师谈谈。

那个家长说完之后，长叹一声。我想，老师很“愤青”一定有其原因。实际上，每个人都会经历“愤青”阶段。“愤青”老师的确很有个性，有个人的思想，能说真话，爱发牢骚，但这样的老师往往有一个缺点，就是缺乏理性，喜欢钻牛角尖，对问题的看法常常以偏概全，缺乏分析论证。存在“愤青”并不是坏事，但“愤青”太多，势必使整个社会缺乏理性。

我们不赞成“愤青”老师大肆宣扬他的偏激观点，而应引导孩子学会理性思考。

我知道，家长担心的不是老师的某些观点存在错误，而是担心老师的言行会误导孩子，使孩子走上歧途。

作为家长要理智地分析老师的言语，不可武断地认定老师的观点有问题。很多老师跟孩子熟悉后，喜欢跟孩子说说心里话，其中难免会夹杂一些个人情感，也有可能会大发牢骚。有些家长可能还认为，老师在课堂上尽讲些和课文内容无关的东西，会影响孩子的学习。其实不然，老师能在课堂上多讲些课外知识，对开阔学生的视野非常有帮助，但也需要有个度。

家长应及时引导孩子多角度思考问题。家长发现问题之后，最好找孩子聊聊天，和孩子一起分析老师的观点，并让孩子说说自己的观点。当然，家长不能将自己的观点强加给孩子。这样做有两个目的，一是抓住时机着重培养孩子的思辨能力，让孩子能够多角度看问题，因为独立思考对孩子的成长非常重要。二是避免孩子对老师产生仇恨心理。有些家长发现老师向孩子灌输某些观点时，会十分紧张，常常怪罪老师，结果导致连孩子都开始不信任老师，甚至仇恨老师。

老师有表达个人观点的权利，但如果老师执意要将自己的观点强加给孩子，并让孩子服从他，这就比较危险了。所以，如果家长发现老师向孩子灌输错误的言论，那就需要沟通交流了。这时，家长也要尊重老师的人格，可以请老师多从孩子成长角度思考问题。

贴心提示：孩子发现老师错了，家长该怎么办

老师也有犯错的时候，如果这种情况被孩子发现了，那家长应该怎么处理呢？

- 老师言行不一。比如，有很多老师兴致勃勃地告诉学生要带大家出去野炊，可学生等啊等啊，就是没看到老师有什么行动。其实，孩子对老师的言行不一最反感，因为这损坏了老师在孩子心目中的美好形象，使得孩子没办法再相信老师。
- 老师不作调查，胡乱训人。在生活中，有一些性格急躁的老

师一看到学生犯错，就不作任何调查，胡乱把学生训斥一顿。这样的结果是，学生可能会不明不白地蒙受冤屈，有理无处辩，只好忍气吞声，在心里怨恨老师。

- 老师犯错却不承认。很多老师大概怕丢面子，即使自己讲错了题目或说错了话，依然要为自己的行为辩护或者避而不谈，这也会令学生很不满。

以上这些情况都有可能使孩子对老师产生不满，一旦家长发现了这种情况，要及时帮助孩子分析老师的错误所在，让孩子明白老师不是圣人，同样会犯错。老师有错误，家长和孩子同样需要指出，但需要一些技巧，比如，最好不要在公众场合指出老师的错误，在指出错误时要分析错误所在。家长和孩子可以通过微信、邮件、短信等方式指出老师的错误。

教师节写给老师的投诉信

每年教师节前夕，总有几个父母过来咨询，向我打听如何与老师沟通，并借节日之机向老师表达问候。现在的家长这么重视教师节，也体现了家长对老师的尊重，是社会进步的表现。

有一年教师节前，我碰到了一个特殊的家长，她想给老师写一封投诉信作为教师节的礼物。我当时很纳闷，为什么要在教师节前给老师写投诉信呢？

这位家长一进门，似乎就有说不完的话。她跟我谈起孩子的事情。她的孩子奇奇上小学四年级第二学期的时候，班级里换了一个数学老师，是一个年轻的男老师。老师第一天在奇奇班上课时，就说要“发散同学们的思维”，出了很多脑筋急转弯题目，说要给每个同学一次回答问题的机会。

老师刚把题目抛出，班里的孩子就争先恐后地举起手来，奇奇把手举得老高老高的。老师出了一个又一个题目，奇奇着急地看着老师，总以为老师会叫到他。一次没被叫到，又一次没被叫到，奇奇周围的同学都一个个地被老师叫到了，当老师的目光落在奇奇身上的时候，奇奇非常兴奋地想站起来，可老师偏偏叫了奇奇的同桌回答。一节课很快就过去了，奇奇的希望一次又一次落空了，有说不出的委屈。放学回家后，奇奇闷闷不乐地坐在家里写作业，唯独不写数学作业。奇奇妈就好奇地问孩子："今天怎么不写数学作业了？"孩子看了看数学作业本，又回头看了看妈妈，很伤心地问妈妈："为什么新的数学老师不叫我回答问题？"奇奇妈一怔，她不知道孩子在学校发生了什么事情。

奇奇把事情的经过告诉了妈妈，奇奇妈心里觉得孩子没什么错，嘴上却说："你这孩子，可能老师知道你会回答，就没叫你了，以后不许对老师没礼貌。"

一个学期过去了，奇奇的数学成绩一退再退，由原来的 90 多分退步到 40 多分，奇奇妈感到非常不理解。在这种情况下，父母通常不会怪罪老师，而会认为自己的孩子没有认真学习。为此，奇奇妈还给孩子请了家教，每天晚上给孩子补课，可效果依然不好，奇奇妈发现孩子更加不喜欢数学了。

孩子上五年级了，奇奇妈开始焦虑不安，很想找老师谈一谈，但又怕自己说错话，于是就过来问我该怎么办。我说，这种情况下，您最好是面谈。但如果怕见面紧张，说不清楚，给老师写封信也是一个不错的方法。

写信是一种比较好的沟通方式，现实中有些没法当面说的话也可以在书信中表达出来。写信这种沟通方式，可以让家长与老师之间进行比较充分、全面、理性的沟通，是一种非常重要的沟通方式。

例如，孩子第一次进入新的环境上学或者换老师了，一时不能适应，那将是非常麻烦的事情。家长在这个时候，应主动和老师取得联系，如果没有机会和老师面谈或电话交流，最好给老师写一封信，将孩子的性格特点、孩子的优点和缺点、家长对孩子的期望以及家庭的辅导情况告诉老师，与老师进行尽可能充分的沟通。

有的家长由于性格原因或时间关系，虽然能够常见到老师，但他们不太善于和老师进行面对面的交流，而是喜欢坐下来把自己的想法和意见写出来，这样考虑问题也会比较周全。

遇到特殊情况时，写信也不失为一种很好的沟通方式。有些家长感激老师对孩子的照顾，想以书信的方式将自己的感激之情表达出来；有些家长因为和老师有矛盾，想找机会道歉，写一封道歉信可以更好地将自己的歉疚传达给老师；有些家长由于对老师的教育方式有意见，又怕当面不好说，可以采用书信的方式把自己的想法告诉老师。

实际上，奇奇妈最关心的还是怎样给老师写信，信中应该写些什么内容。如果我是奇奇的家长，我会首先感谢老师的辛勤教育，这是礼貌问题。然后，以委婉的语气告诉老师孩子学习的具体情况，讲出造成孩子不愿学习的原因。即使是因为老师的缘故，家长也应该如实地提出。接下来则以商量的方式向老师提几个建议，如能否多关注一下孩子。孩子处于青少年时期，最在意父母、老师和朋友的关注了，大人稍不留神，可能就忽视了孩子，而给孩子造成心理压力。最后，可以再次感谢老师的帮助，期待孩子的进步。这样的信比较合情合理，即使是一个脾气暴躁的老师看了之后，也愿意静下心来思考孩子的问题。

几天后，奇奇妈带着信过来找我，叫我帮忙修改。这封信是这样写的：

敬爱的老师：

您好！我是奇奇妈，首先提前祝您教师节快乐！听奇奇说，您是一个年轻有为的数学老师，可孩子的数学不是很好，怕是给您添麻烦了。

奇奇已经和您相处半个学期了，从我们家长的角度来看，奇奇的数学学习情况不是很好，有不少问题已经暴露出来了，还需要麻烦您和我们家长一起，多费一些心，争取让奇奇能有所进步。

您可能也知道，奇奇以前的数学成绩不像现在这样糟糕。根据我们对孩子的了解，这孩子有一个特点就是喜欢老师关注他，老师稍微不关注他，他心里就有意见。听奇奇说，您在上第一节课的时候，没叫他回答问题。您瞧，从那之后，孩子对您就有看法了，还说您抛弃了他。

有一次，奇奇在家做作业，我问他为什么不喜欢做数学作业，他支吾着不回答。要知道他以前可喜欢数学了，一到家就先做数学作业。当时，奇奇想了想说："连老师都不要我，我还要这数学干什么！"我听后，扑哧一笑，真不知道这孩子到底怎么想的。

在孩子与您相处的半个学期里，他对您有过期待，期待您能关注一下他。可是，不知道是什么原因，您一连两个月都没有关注过他。后来，他失望了，不再是以前那个虚心好学的奇奇，他开始怨恨您。有一件事情，您可能还记得，上学期期中考试之后，奇奇的数学成绩只有56分，奇奇说您点名批评了他。孩子一回到家就哭个不停，说老师看不起他。从那之后，孩子的成绩一步步退下来了，作为家长，有谁比我们更急的呢？

我曾经很想找您谈谈奇奇的情况，可我担心您很忙，又怕自己说不好，就想到给您写这封信，把孩子的具体情况告诉您，或许这又打扰您了。眼看着孩子就要小学毕业了，人家都说小学中最重要的阶段是五、六年级，如果孩子错过这个学习机会，进入初中学习就可能会很吃力了。有人说，孩子成绩不好可以请家教。上学期，奇奇的数学成绩退步幅度很大，我请了个家教，但效果不是很好，也没见到孩子的数学成绩有多少进步。我想，再好的家教也比不上学校里的老师。再说，请家教不仅浪费钱财，也会使孩子渐渐疏离学校里的老师，这不是一种正确的做法啊。

其实，每一个孩子都相当单纯，您稍微给他点关注，他就会跟您交朋友。您的一举一动，可能都在左右孩子的思想，即使您将目光停留在孩子身上片刻，他也会感到无比温暖。奇奇这孩子有点任性，对老师有点小意见，就一直往心里去，他才不懂得什么叫后果呢！希望老师不要介意，孩子对您有意见，说明孩子还蛮在乎您的，他从内心深处渴望得到您的关注和赞许。

孩子还小，他不懂事，恳请老师多费点心，多关注一下，哪怕是让他回答一个小问题也好，或者让他帮您做点事情。

老师，您辛苦了。有这么好的老师，我真的很感动。我们家长在这里再次感谢您。趁现在还是五年级的开学初，孩子的学习兴趣比较浓厚，再次希望老师在忙碌中关注一下奇奇！再次拜托，再次谢谢！

顺颂

教安！

家长：×××

×年×月×日

看了奇奇妈的信，我会心地笑了笑，因为这已经是一封比较委婉而有礼貌的投诉信了。如果家长遇到像奇奇妈那样的情况，不妨借鉴一下这封信的写法。

当然，不是每一个老师或者家长都喜欢或者愿意接受写信这种沟通方式，担心自己写出的信得不到回复或者通过其他方式得到反馈。我觉得这不要紧，重要的是把孩子的实际状况和动态告诉了老师，把自己的想法坦诚地讲了出来，一定会在老师的心里留下痕迹，让他自觉或不自觉地去注意这些问题。这样，至少部分达到了沟通的目的。

贴心提示：做个知法守法的好家长

在人际交往中，人们通常会用发脾气向对方表达不满，但这样的表达方式显然有失风度，也可能触犯法律。

所以，当家长和老师有矛盾时，最好以合法的方式处理问题。家长在表达不满情绪时，可以这样对老师说："你瞧我这孩子，又给老师添麻烦了。我们知道老师很辛苦，为孩子付出了很多努力，可孩子现在出现这样的情况，我们很担心，想必老师更担心。"也可以直接表明自己的想法："我能理解老师这样做的出发点是为了孩子好，可这样的做法难免伤及孩子，不知道老师是否想过呢？"

错怪了老师怎么办

人际交往中难免有误解，而这些误解又常常使人与人之间产生隔膜。谁都有可能错怪对方，这时如果处理得当，将会皆大欢喜。

有时候，家长也会误解老师。曾有家长向《扬子晚报》反映，说是自己的孩子中午在校吃午餐，校方将午餐包给快餐公司，但口味和菜的质量不是太好，孩子吃不饱，孩子一开学就向学校老师反映过，但问题没有解决。

为此，记者赶到学校了解情况，恰好另一位家长也赶到学校要见负责午餐的老师。这位家长对记者说，孩子回家后闹着要退餐，说学校的菜不可口。

对此，校领导大惑不解，当场便请家长和记者品尝学校的午餐。饭盒里有烤鸡柳、白菜、豆腐和冬瓜等。这位家长品尝之后惊讶地说："这不是挺好的吗！这孩子怎么了？"

为了使家长和记者放心，学生处主任还带领大家到每一个班级去观察。这位家长越看越惭愧，因为每个班级的伙食都是不错的。最后，这位家长忙不迭地向校领导道歉。

随后记者单独对部分学生进行了采访，一位学生告诉记者，学校每个月都会给家长一封通知。上面有这个月午餐具体到每一天的收费情况。自己在学校吃了三年的午餐，没有听说午餐出现任何问题，而且每天都有老师来教室询问同学们对于午餐的满意程度，自己对学校的午餐很放心。在记者采访的其他几位同学中也没有人对于学校午餐表示不满。

现在，生活条件好了，家长们在衣食方面都争取提供给孩子最好的条件，就算这样，孩子在家里吃饭也会有厌食挑食的坏毛病。

一旦发现孩子在学校不吃饭，或者孩子直接在父母面前抱怨食堂饭菜不好，父母首先要冷静下来，让孩子说出不喜欢的理由。十之八九的孩子都愿意把自己的想法告诉父母，父母就可以根据孩子的陈述，理解孩子在学校的遭遇。父母可以找个机会和孩子谈谈心，最好是在饭桌上谈话，一边吃一边聊食堂问题，帮助孩子纠正错误认识。比如，可以这样对孩子说：“人是铁，饭是钢，不吃饭，怎么能成钢呢？”“吃饭不可以挑食，那样会导致体内的营养不均衡，人长得像绿豆芽一样，多可怜啊。”家长还可以对孩子说：“吃饭香喷喷，学习才棒棒。”

父母在引导孩子的同时，还可以及时调整家里的饭菜结构，尽可能地向食堂饭菜靠近，为的是让孩子能够慢慢适应食堂饭菜。父母还可以让孩子一起烧菜做饭，感受一下做饭的辛苦。

说到底，孩子不喜欢食堂饭菜的最主要原因是心理作用。他们可能一开始就不喜欢在食堂吃饭，认为食堂的饭菜是大锅饭，不像家里的饭菜那样适合自己的口味。孩子在家里时，父母基本上都会尽力满足孩子的要求，孩子喜欢吃什么，父母就买什么，家里的饮食几乎都以孩子的喜好为中心了。在这样的环境下培养出来的孩子，大都有娇生惯养的特点，对食堂饭菜特别挑剔。

还有，父母可以多和老师沟通，听听老师的意见。有很多老师同样在学校食堂吃饭，对食堂饭菜比较了解，也知道饭菜的口味。当然，家长在和老师沟通时，最好以询问的语气向老师打听学校三餐的饭菜种类和口味。如果家长有时间，还可以亲自去学校看看，了解一下情况，以免产生误会。如果真是饭菜有问题，那更应该和老师交流，还可以向学校领导投诉，维护自身权益。

有一位家长曾经找过我，向我咨询这方面的事情，觉得自己错怪了老师，问我该怎样补救。事情是这样的：孩子上小学五年级的时候，她去参加家长会，老师把孩子的具体情况告诉了她，说孩子上五年级后，变得好动，学习静不下心来，经常说谎，还很懒，不想学习，语数英三门功课除数学好一点，其他两门都跟不上。老师布置的作业总是不按时完成，但他一点也不担心，照玩不误。老师说孩子还抄同学作业，批评多次也没有效果。当时旁边还站着很多家长，这位家长听了老师的话后，心理极度不平衡，觉得很丢脸，就反问老师说："我孩子还小，不懂事，有必要在大伙面前张扬吗？"最后，那位家长愤愤不平地走了。

可是从那之后，这位家长发现孩子确实有抄作业的行为，而且经常说谎，她意识到老师说得没错，是自己一时糊涂错怪了老师。

听完她的陈述，我认为，家长在遇到老师说孩子缺点的时候，有反感情绪是非常正常的。按照心理学家的解释，每个人内心深处都渴望他人的赞赏，身边的人越是赞赏他，他越会感到满足，所以凡是人都喜欢听好话。当老师直接告诉家长孩子有缺点时，就好像是在给家长泼冷水，很多家长都会感到很不舒服。

我对这位家长说："老师能直接反映孩子的缺点，这说明老师工作非常认真。能将孩子的缺点毫无保留地告诉家长的老师是一个负责任的好老师，您应该为孩子碰到这样的老师而感到高兴。现在的很多老师在家长面前只说孩子的优点，却很少提到孩子的缺点。既然老师能够把孩子的不足告诉家长，这正好说明老师很重视您的孩子，很想让家长多关注孩子。俗话说，良药苦口利于病，忠言逆耳利于行。老师的话里虽有刺，但有药的功效，您说是不？"

"那是，我真的错怪老师了，不应该说气话的。那我应该怎么办才好呢？"那位家长急切地问道。我说："您找个合适的机会和老师聊聊吧。估计老师早就忘记那件事情了。我也是老师，老师不会因为这个而生家长气的。”

这之后，这位家长还找过我几次，说是自己和老师当面谈了很多话题，还向老师道了歉，而她的孩子在老师的帮助下慢慢改掉了坏习惯。值得一提的是，有些老师在向家长反映孩子的缺点时，可能会把孩子的情况说得非常严重。遇到这样的老师，家长更需要冷静分析孩子的不足之处，切莫因为一点小事就责怪孩子甚至大打出手。

家长容易发现孩子的优点，不大愿意看到孩子的缺点。但是，我们不得不承认这样的事实：在这世界上，谁是十全十美的呢？一个人有缺点，其性格特点才更立体，有缺点才说明孩子可以变得更完美，我们大人应该善于发现孩子的“缺点美”。

贴心提示：家长错怪老师，怎么道歉

有时候，家长也会错怪老师，这种情况下当然不能一错了之，需要勇敢地向老师道歉。家长在道歉的时候，要清楚：错了就是错了，不可为自己的行为辩解，因为这是无意义的。

在很多情况下，道歉是非常有用的沟通方式，能消除彼此的误解。如果家长说错了话，可以这样说：“老师，非常抱歉，我今天说的话很不对，希望您能理解。”或者可以这样说：“老师，真对不起，我误解了您。”

如果家长做错了事情，也可以这样道歉：“老师，发生这样的事情，我真的很抱歉，希望老师别生气。”或者可以这样说：“老师，真不好意思，我犯了这么严重的错误，特向您道歉。”

家长能否当面批评老师

晚上，东东妈发现 11 岁的儿子手臂上青一块紫一块的，大腿上也有红肿。她问孩子发生了什么事情，东东支吾着说，是老师掐的。

东东妈一时蒙了，受人尊敬的老师怎么能这样对待学生呢？东东妈作为孩子家长，平时很少骂孩子，更不用说打孩子了。难道东东真的惹老师生气了？为了探个究竟，东东妈问孩子：“老师为什么要掐你？”

东东说：“被掐的还有另外两个同学。下午上自修课时，班级里没有老师，大家都在吵闹。坐我后面的皮皮抢我的课外书，我不给，他和他的同桌就伸手打我，我也打他们。后来，老师进来了，发现我们三个人正好在打架，就把我们叫到办公室。他让我们靠墙边站，严厉地批评我们，一边批评一边用手掐我们的手臂、大腿，还用尺子打我们的屁股。”东东还说：“我们疼起来每哭一下，老师就打我们一下，直到我们默默地站在墙边听他训话。”

东东说，老师打起人来超级凶，很多同学都很怕他，但老师不在的时候，大家就吵吵闹闹。东东妈真不知道如何是好，她想到的第一件事情就是找校长谈话，可又担心自己找校长之后，老师会对孩子更加不好。可转念一想，也许这是一个负责任的老师，他的初衷是好的，想以这种惩罚方式教育孩子，但这种教育方式是不对的，体罚侵犯孩子的人身权利。于是，东东妈陷入了矛盾中。

我在读小学二年级的时候，也遇到过一个很凶的女老师。当时，班级里有几个特别爱吵闹的同学，不但学习成绩差，而且经常迟到。老师发现他们犯了错误，就马上把他们拉出去批评，用手使劲掐他们的大腿，有的同学被掐得哇哇大哭，但没有一个学生家长过来找过老师。

后来，我去镇中心小学上学，遇到了一个更凶的老师。一有同学犯错，老师就会严厉地批评他，不是用拳头打学生的臂膀、背部，就是用脚踢学生的大腿。但这都还是小的惩罚，再严厉一点的惩罚就是让学生蹲马步，蹲到老师满意为止。有一年冬天，天气超级冷，班级里有四个同学迟到了，老师就让他们从早读课开始蹲马步，蹲得他们头上直冒热气，脸上直流汗，大腿直发抖，有同学实在蹲不住，人颤抖了一下，差点就倒下了，而老师似乎没有一点同情心，依旧让他继续蹲。

直到最后，那几个同学实在受不了折磨，哇哇地哭个不停，泪水和汗水混流在一起，整个人都麻木了，老师这才让他们回到座位上去。不但如此，老师惩罚了同学之后，还会把家长叫到学校，家长不仅对老师的体罚保持沉默，还口口声声地骂自己的孩子没出息。

当我回忆起这些凄惨的场面时，内心有说不出的悲凉。当时，我是班长，我却没有胆量站出来替同学说话。其实，即使我站出来为同学说话，估计老师也不会理睬，因为连校长都默认他的体罚行为。由于他管理的班级没出什么问题，这位老师还受到了学校的表扬。

后来，我坐车去县城的时候，遇到了那个老师，我礼节性地叫了一声“老师”。那位老师显得有些苍老，听说他早已被调到城关小学，成为名师了。在车上，他对我说了这样一句话：“学生就像一台机器，如果运转不了，老师就要打几下才会动。”现在想起来，我们周围的确存在许多有暴力倾向的老师，而这些老师往往都有“名师”“教学能手”“优秀教师”“优秀班主任”等称号。

这些都是生活中真实的事情，很多老师为了管理好班级，常常用威吓或体罚等方式教育孩子，殊不知，这样的教育方式对孩子的伤害最大。在这种情况下，家长该不该批评老师呢？我认为，**家长和老师都是孩子的教育者，在人格上都是平等的，任何一方有错，都应该受到对方的批评**。

案例中东东妈的困惑比较有代表性。家长在遇到这类情况时，往往既想尊重老师，又不想让孩子受到伤害。当这两种观点发生冲突时，很多家长潜意识地选择了前者，认为老师都是对的，孩子自然成了孤立无援的受害者。

东东妈的矛盾心理在一定程度上也反映了当下家校合作中存在的问题，即家委会没有发挥应有的作用，家长在家校沟通中处于孤立无援的状态。当孩子受到老师体罚时，家长想到的是直接找老师或学校领导，而不是借助家委会这样第三方的力量加以调解，从而错失了解决问题的最佳时机。

大人可以采取适当的方式惩罚孩子，但不能体罚孩子。体罚（特别是罚抄罚钱、讽刺挖苦等变相体罚）只能产生短期的教育效果，甚至出现相反的作用，因为这不仅是一种肉体的伤害，而且是一种心灵的伤害，更是一种重大教育事故。我国《未成年人保护法》第二十一条规定：“学校、幼儿园、托儿所的教职员工应当尊重未成年人的人格尊严，不得对未成年人实施体罚、变相体罚或者其他侮辱人格尊严的行为。”这说明我国法律是不允许体罚孩子的，而孩子一旦被老师体罚，家长应该保持冷静，以第三方的身份客观、公正、理性地处理事情，切不可情绪化。家长首先要做的是倾听孩子，帮助孩子缓解紧张心理。接着，家长应与老师沟通，倾听老师的说法，再做出公正的判断。在家校沟通中，正因为没有明确角色，使得好多家长容易情绪化，动不动就把事情发布在网络上，或找媒体曝光，这对老师是一种伤害，对孩子则是“二次伤害”。如果事情严重，得不到很好的解决，家长可以通过家委会协助处理，相信能够得到老师的理解。

有一个朋友，他的孩子刚上小学二年级，是一个比较活泼的孩子。有一天下午放学回家，他忘记带语文试卷，急得要命，幸好邻居小孩跟他同班，他就向邻居小孩借来试卷，把题目按照试卷格式一模一样地抄下来。试卷抄完之后，他还将答案老老实实地填上去，自认为可以交差了，肯定会得到老师的表扬。要知道，一个读二年级的孩子，能够将一张完整的语文试卷抄完，并且做好，已是一件非常不容易的事情了。

第二天下午放学时，我的朋友去学校接孩子，眼看着其他家长陆陆续续地接走了孩子，却始终没有看见自己的孩子走出学校大门。我的那个朋友急了，立即打电话给老师。老师刚好在办公室，说孩子被留在学校了，正要找家长。

我的朋友马上赶到办公室，只见孩子正趴在桌子上抄试卷，抄的试卷跟昨天晚上那张一模一样，但现在不是抄一遍，而是抄十遍。孩子一边抄一边小声哭泣，看样子很不情愿。我的朋友非常惊讶地问："这试卷，我儿子昨天晚上已经抄过了，他忘记把作业带回家了，为什么今天还要抄？"

老师对我的朋友说，孩子忘记带作业是不对的，一次忘记了，老师不去惩罚他，他还会有第二次、第三次……现在惩罚他是为了让孩子以后不要丢三落四，吃一堑长一智，再说孩子多抄一遍就等于多学了一次知识，掌握的知识更加扎实。我的朋友不知道该说什么，也不敢跟老师辩论，只好站着等孩子把试卷抄完。

直到天都黑了，夜空中出现了一闪一闪的星星，孩子才抄完十遍。我的朋友领着孩子回家后，他的孩子却一直开心不起来，连吃饭都没有胃口。

这件事过去很久了，我的朋友还没有忘记。有一次，他主动跟我聊起这件事，还困惑地问我："如果以后再遇到这样的事情，我该怎么办呢？”

实际上，他的困惑是具有代表性的，很多家长都有这样的疑问：当老师用粗暴的教育方式伤害到孩子时，我们应该怎么办呢？家长能否当面批评老师呢？

我的那个朋友在老师面前选择了沉默，我认为这是一种比较理智的做法。如果家长没有能力改变老师的想法，那么就没必要与老师争论，也没必要惹老师生气，那样只会使双方的关系更为紧张。有些家长在得知孩子被老师批评或体罚之后，就非要和老师争个孰是孰非，结果搞得双方都不愉快。教师是令人尊敬的职业，任何国家都有尊师的传统。不过，老师也是普通人，也难免有犯错的时候，家长可以批评老师，但要以尊重对方为前提，应以非暴力的方式沟通，最好将批评改为建议，多用“能不能……”“是否可以……”“您看这样……”等句式，与老师进行探讨式的沟通。聪明的老师也能在这样的沟通方式中，意识到自己的错误，并且能够和家长在沟通中产生思想的碰撞，更好地解决孩子的问题。

此外，当家长发现老师有错时，家长批评老师也要尊重老师，切不可随意地将事情曝光在微信群、朋友圈、微博或论坛上。近年来，一旦孩子在学校出了事情或受到不公正的待遇，家长便将事情曝光在论坛上、家长群里，让老师措手不及，甚至引发口水战，这对老师、孩子、家长都是伤害。我认为，家长的初衷是好的，但处理方式有待考量。这也暴露出学校家委会的不作为，本可以借助家委会处理的事情，却让家长“另辟蹊径”。所以在这个问题上，家长也要转变观念，不能只停留在“孩子一出事，我就曝光”的感性层面上，要理性地加以分析，明辨事情的真伪，通过家委会加以处理。

如果老师的教育方式真的给孩子造成了伤害，那父母必须站在保护孩子的立场上，先以委婉的语气和老师交流自己的看法，对老师进行适当的批评。如果老师不愿意接受批评，反而生气起来，那家长最好暂时不要和老师沟通。因为孩子惹老师生气，老师可能还在气头上，家长的一番话可能会火上浇油。等事情过去之后，老师的气也消了，这个时候，家长可以和老师谈谈上次惩罚孩子的事情，也可以给予老师一些建议。有些时候，遇到一个心胸狭窄的老师，家长给老师提了建议，老师反而冷落孩子，这就是老师的问题了。这虽是极个别的极端情况，但也是可能出现的情况。遇到这种情况，我们可以通过家委会申诉，让家委会出面加以调解，使得家长与老师得以和解，制止老师以冷暴力的方式伤害孩子。

总而言之，家长有批评老师的权利，但要注意场合、方式、方法，我认为提建议比当面批评更有建设性，更能解决实质性问题。

贴心提示：家长批评老师应注意什么

老师也有犯错的时候，家长当然有权利批评老师，但在批评的时候，需要注意这样几点：

- 批评老师要以事实为依据，就事论事。家长在批评老师时，不可一味发火，要先弄清楚老师错在什么地方。
- 批评时语气要平和，不可指责老师。批评不是指责和辱骂，应心平气和地向老师指出错误所在。
- 多提一些建设性的建议。家长可以多给老师提一些建设性的建议，尽量少用批评语言。
- 双方要平等对话，家长要尊重老师的人格，双方要站在平等的立场上。
- 选择恰当的时间和场合。这是为了尽量减少摩擦。

第三章　让老师喜欢你的孩子

孩子代表着希望，每个孩子都像精灵一样活泼，像天使一样美丽。苏联教育家马卡连柯说：“培养人，就是培养他对前途的希望。”时刻关注孩子的成长问题，让孩子按照自然规律成长，不失为一种很好的教育方法。

你真正了解孩子吗

你了解孩子吗？估计所有的父母都会异口同声地说：“谁不了解自己的孩子啊！”可如果再问一句：“你很懂孩子吗？”可能就有不少父母要犹豫了。

几年前，我碰到了一件令人尴尬的事情。班级里有两个女生小红和小丽闹矛盾扭打起来，小红伤势严重。事情发生后，我分别给这两个孩子的家长打了电话，希望能引起孩子父母的注意。结果，双方父母都很吃惊，小丽母亲表示不解：“你说我孩子打架，这怎么可能呢？小女从小很乖巧，从不和人家小孩吵架，就连一句脏话都没有说过，怎么可能打架呢？”当我再次向小丽母亲反映孩子的打架情况时，她便匆匆挂掉了电话。当时，我不禁感叹，有些父母真的不是很了解自己的孩子。

父母不了解孩子由多方面因素造成，最常见的就是父母与孩子的交流太少。当孩子遇到烦恼，想找人倾诉时，父母给孩子的不是安慰，而是批评，比如，“你这孩子怎么这样没用？”“看看人家小孩子多好！”“我和你说过多少次了，你就是不听话！”……久而久之，孩子不愿意与父母交流，而将自己的情绪“伪装”起来，这对孩子的成长当然不好。孩子与父母沟通少了，自然会产生情感上的隔膜。我只能说，很多家长自以为很了解孩子，但其实对孩子心理和精神层面的认识少得可怜。

设想一下，一个对自己孩子都不完全了解的家长，怎么能把孩子的情况准确地描述给老师呢？说到底，家长要先真正认识孩子，这样才能与老师进行高效率的沟通。父母要真正认识孩子，需要在长时间的陪伴中用心观察，需要耐心地倾听孩子的心声……做一个合格的父母，要了解的东西实在很多，但我相信，只要事关孩子，都值得每一位父母倾注心思去了解。

1. 了解孩子的身体素质

健康的身体是孩子成长的基础。孩子体质如何、有无疾病、有无身体缺陷等都是父母首先要关注的问题。孩子上学后，家长应及时向老师反映孩子的身体状况，以免发生意外，同时减少老师的观察总结时间。

孩子的整个学习阶段也是生长发育的关键阶段。孩子的年龄不同，其身体承受能力也不同。如低年级学生，基本以有益身心的玩乐为主，不能承受过多的作业量，否则会影响孩子的正常发育。但在孩子成长过程中，其身体承受能力常常被人忽视。我认识几个小学二年级的孩子，他们一天的作业量很大，如要完成 3 张数学卷，每张 100 道口算题；语文词语抄写 10 遍，这些词语有 50 多字；完成两张语文试卷；看课外书，摘抄好词佳句。初步估算要完成这些作业，至少得 3 个小时，这使得孩子筋疲力尽，眼睛得不到休息。且不管题海战术收效如何，以损害孩子健康为代价来换取好成绩，我认为是得不偿失的，毕竟孩子的健康和开心比什么都来得重要，不是吗？

2. 了解孩子的个性特点

每个孩子都是独特的。导致其个性差异的，既有遗传因素，也有后天环境的影响。

大约在公元前5世纪，古希腊著名医生希波克拉底提出了人体内有四种体液，即血液、黏液、黄胆汁、黑胆汁。欧洲生物学家和心理学家盖伦从希波克拉底的体液说出发，创立了气质学说。他认为，每一种体液所占比例不同，人的气质就会不同，于是就有了胆汁质、多血质、黏液质和抑郁质四种气质类型。

胆汁质：情感反应强烈，开朗热情，但易冲动，脾气暴躁，很难自我克制。意志坚强，能忍受较强的刺激，思维活跃，行动敏捷。

多血质：活泼好动，有朝气，喜欢交往，行为外向，不怯生，容易接受新鲜事物。这类人可塑性大，但注意力易分散，兴趣多变，情绪波动大。

黏液质：情绪稳定，举止平和，不喜欢外露，行为内向，不善于言谈，以沉默寡言者居多。注意力集中持久，忍耐性高，比较细致，但思维灵活性较差。

抑郁质：行为极端内向，胆小、孤僻，喜欢独处，不爱交往，做事认真细致，但动作迟缓，多疑多虑，非常敏感，优柔寡断，表情腼腆，多愁善感。

父母了解这些的目的是根据孩子的特点，采取恰当的教育方式，为孩子的健康成长创造有利条件。有条件的父母，还可以给孩子测一下气质类型。

3. 了解孩子的兴趣爱好

孩子在成长中，大都会形成自己的兴趣爱好，有些兴趣爱好可能是孩子某种天赋的表露。比如，有些孩子从小就对画画痴迷，不仅喜欢看画，而且喜欢动笔画这画那；有些孩子喜欢把玩具拆了，看来看去，然后又装回去，俨然一个技术人员。

细心的父母很容易发现孩子的兴趣爱好，并通过培养孩子的兴趣爱好去挖掘孩子的天赋，这对孩子的身心发展十分有益。孩子对自己感兴趣的事情会投入持久的热情，这种热情极有可能成就孩子灿烂的明天。所以，父母要积极观察孩子平常对什么事物感兴趣，甚至可以创设条件，发展孩子的兴趣爱好。

家长应多与老师沟通，一方面将自己观察到的孩子的兴趣爱好告诉老师，另一方面向老师打听孩子在校期间表现出来的兴趣爱好，鼓励孩子发展兴趣爱好，让孩子把追求知识和智慧当作非常快乐的事情。

另外，家长应多与老师沟通，共同探讨培养孩子兴趣爱好的良方。

4. 了解孩子的适应能力

孩子从家庭走向学校，这是一个很大的转变，因为要适应新的环境。孩子的环境适应能力千差万别，有的孩子适应能力强，一进校门就很快熟悉起来，一点儿都不会感到陌生。有些孩子性格内向，腼腆怕生，缺乏自信心，依赖性强，一到新环境难以很快适应。当然，不同年龄阶段的孩子，适应能力也不尽相同。

比如，同时上小学一年级的小明和小强第一天去学校上课时，小明活泼热情，一下子就和同学玩在一起；小强则坐在教室里不敢出门，有同学叫小强出去玩，小强只是笑笑，不愿意出去。

所以，孩子上学之后，父母可以多观察孩子，看看孩子是否有与平常不一样的表现。如果父母发现了问题，要及时疏导，帮助孩子树立起自信心，让孩子逐渐适应新环境。这种情况下，家长与老师进行沟通是非常必要的，要一起引导孩子适应学习环境。

5. 了解孩子的内心想法

有些父母说，孩子那么小，他们也有自己的想法吗？其实，再小的孩子都有自己的想法。不管怎么说，孩子有人格和尊严，同样需要大人尊重他们。当孩子对安全感和爱的需求得不到满足时，就会感到痛苦。在我们的生活中，大人已经习惯不把孩子放在平等的位置，一切决定都以自己的意志为转移。这样对孩子的成长很不好，容易限制孩子独立表达的机会。

比如，我有一个邻居的小孩在读小学三年级，父母管得很严。孩子一放学回家，父母就规定孩子做这个做那个。有一次，小孩正想看动画片，结果遭到她爸爸的一声呵斥，孩子吓得从此不敢在父母面前看电视，常常把自己关在房间里。我想，在生活中，像这样的事情还有很多，父母不了解孩子内心的真实想法而使用了错误的教育方式，这对孩子的身心健康非常不利。

不仅如此，作为孩子的老师同样要在乎孩子的想法，不能将自己的不良情绪（如悲观、烦闷、愤怒等）强加给孩子，更不可不分青红皂白地当众批评孩子，对孩子拳打脚踢。

6. 了解孩子对学校和老师的看法

孩子上学后，大多数孩子总会把自己在学校的所见所闻告诉父母，与父母分享自己上学的经历。比如，孩子常会在大人面前说，学校有多大，学校的管理严格不严格，老师凶不凶……孩子的眼睛总是雪亮的，他们会凭自己的第一感觉说出看法。当孩子对某个老师有意见时，父母要倾听孩子的心声，比如，当孩子说“这老师很凶”“老师很偏心”“老师对我不理不睬”时，父母应让孩子说出事情的经过，然后再细致分析，不可打断孩子的倾诉。不管孩子所讲的事情是否属实，父母都应该及时和老师取得联系，了解事情的真相，消除孩子的不满情绪。当孩子说某老师好的时候，父母也要仔细分析，可能孩子所说的好老师并不是家长所认为的好老师。即便这样，家长还是应该和老师沟通，了解具体情况。

当然，当父母真的要把孩子的话告诉老师时，心中又会有很多顾虑，怕老师对孩子有偏见。在这种情况下，家长不妨找一个合适的时间坐下来与老师慢慢沟通，可以一边喝茶一边聊天，这有助于消除误会。

7. 关注孩子的学习表现

了解孩子的学习情况有两种渠道，一是观察孩子与往常不一样的表现，二是从老师那里获得信息。父母可以通过孩子的心情变化获取此类信息。只要父母细心观察，大都可以借这个晴雨表了解孩子的内心想法。比如，孩子成绩好的时候，难免滋长骄傲心理；孩子失败的时候，会有失落沮丧的情绪。父母最好能及时对孩子进行引导，帮助孩子调整情绪，让孩子认识到自己的优点和缺点。

家长向老师打听孩子的学习情况是可以的，最好能全面了解孩子的学习情况（上课表现、作业、发言、考试成绩等），但不能利用这样的机会批评或打击孩子。

贴心提示：怎样认识孩子

家长要认识孩子并不难，只要做一个有心人。

- 多留意孩子的行为。父母在养育孩子时，可以观察总结孩子的经常性行为，这样可以区分一些异常表现。
- 从育儿书籍或影视中认识孩子的成长过程。现在的很多育儿资料都详细地讲到了孩子不同成长阶段中的个性特征和行为特点。
- 从他人眼中认识孩子。有些时候，父母常常会忽视孩子的一些行为，需要通过亲戚、朋友、老师等了解孩子。

不要夺走孩子手中的扫把

有一天，一个朋友跟我聊天，一聊就聊到他班里学生的事情。他说，现在的孩子最调皮了，连值日都要逃避。

他在一所镇小学教三年级，是学校里的优秀青年教师。平常，他很喜欢和学生在一起，可他搞不懂现在的孩子为什么怕值日，还要装病逃跑。他感叹说："现在的学生个个都是宝贝，连值日这活儿都做不了。"

朋友说，下午一放学，学生就急匆匆地回家，哪里顾得上值日这回事，即使他们想到了，也会装作不知道或装病，直接溜走了。当然，有些孩子是真的忘记了。

孩子不值日是一回事，可偏偏还有家长帮孩子值日，这让老师感到非常不理解。听朋友说，不知从什么时候开始，每天下午的教室里多了家长的身影，有好多还是孩子的爷爷奶奶。他们不是来接孩子的，而是来替孩子值日的。下课铃声一响，家长就拿起扫帚打扫教室，而孩子则在一边和同学玩耍。

当他发现这个问题后，多次劝说家长让孩子自己动手，可遭到了很多家长的反对。有家长说："孩子还这么小，你给他拿这么高的扫帚，叫他怎么扫地呢？"有家长说："我家孩子从没扫过地，有一次值日，孩子被垃圾桶绊倒了，弄得满身都是垃圾，叫我们怎么能放心呢？”有家长还说：“孩子扫地扫不干净，还被老师罚过好几次，看了就心疼。”

朋友开玩笑地说道：“家长真是细心，以后孩子上学都可以由他们代劳了。”朋友继续说道：“你说现在的家长都这样护着孩子，叫我们老师怎么教育孩子？”

我想了想，说：“如果把这种现象放回20年前，肯定会有人觉得滑稽，因为学生打扫教室是天经地义的事情。这些为孩子叫苦的爸爸妈妈、爷爷奶奶，难道当年没有打扫过教室？问题就出在家长身上。**如果不是家庭教育出了问题，怎么会出现学生不值日的现象呢**？我们当学生的时候，几乎没看见过有同学调皮不值日，大家都把值日当作一项光荣的劳动，更没见过有家长过来替孩子值日的。一个处处满足孩子要求的家庭，必定培养出一个自私自利、没有责任感的孩子。”

朋友点点头，说：“现在的孩子早就习惯了衣来伸手、饭来张口的生活，对于值日这样的事情，孩子本身就没做过、不会做，再加上家长心疼孩子，总是担心这个担心那个，好像心中的宝贝一值日就要破碎似的。”

古人云：一屋不扫，何以扫天下。如果我们的孩子连最简单的值日都不会做，怎么能期望他日后成就大事业呢？那么，孩子劳动意识的丧失，到底是谁的过错呢？

我认为，家长对孩子过于宠爱，是孩子不愿意参加值日的最主要原因。有调查说，现在的中小学生，爱劳动、有较好劳动习惯的约占1/3，另外的2/3是不爱劳动或不太爱劳动的。父母不在家的时候，有些孩子懒得洗脸、洗脚，衣服穿了很多天都不换洗，更不用说打扫房间了。

而这源于一些错误的家庭教育观念。有些家长认为孩子要以学习为重。很多家长把值日当作孩子的负担，怕影响孩子学习。孩子上学后，家长总是这样教导孩子：“只要你好好学习，什么事情都可以不用做了。”

有个孩子非常懂事，有一次，他在奶奶家做作业时，看见地上堆满了树叶，就找来扫把打扫。奶奶看见后，一把夺过扫把，说：“乖孙子，你读书去，奶奶能扫。”孩子一脸无辜地站在一旁，搞不懂自己的好心为什么得不到大人的理解。

有些家长认为孩子太小，怕他们受苦受累。在家长眼里，孩子永远都是长不大的，值日会累着孩子，影响孩子成长。也有孩子在劳动之后，回家抱怨说值日太辛苦了，弄得手脚酸痛。这些都使得家长更加怜惜自己的孩子，不管孩子参加什么样的劳动，家长都不满意、不放心，还要打击孩子的劳动积极性。很多孩子因此逐渐丧失了劳动的动力。

有些家长认为现在生活富裕了，劳动是家庭贫困的代名词，没必要让孩子劳动了。有不少城里的家庭都雇了保姆，家务活之类全由保姆完成，就连倒杯水都不用自己动手，孩子当然没有劳动的机会了。有些孩子还会振振有词地说：“家里都有保姆了，学校干吗不找清洁工打扫？”

有些家长看不起劳动者，认为孩子不好好学习，去当工人就没有前途。在这些家长眼里，值日这样的体力劳动成了不好的代名词，于是便有意无意地暗示孩子不必参加劳动。

正在看书的你，是否也有上述想法呢？如果有这样的想法，那就应该好好地反思一下：我们要不要让孩子参加值日这样的劳动呢？

我想，答案是肯定的，不管在什么时代，人类都需要劳动。孩子在劳动过程中，既能享受劳动的乐趣，又能培养高尚的道德品质和生存能力，学会做人，更能使他们意识到勤俭朴素的重要性。假如孩子从小缺乏劳动教育，一旦他懒惰成性，再想让他改变过来就非常不容易了。

平时，父母要鼓励孩子多参加劳动。著名教育家陶行知说：“我要儿子自立立人，我自己就得自立立人。我要儿子自助助人，我自己就得自助助人。”可见，家长对孩子的影响非常大，一个有责任心的家长，必会得到孩子的信任。

孩子的模仿能力很强，在两三岁时，就开始模仿家长做一些事情。每当家长在干活时，孩子就开心地跑来凑热闹。这时，家长最担心孩子出事，往往拒绝孩子帮忙。殊不知，家长的阻止无意中挫伤了孩子劳动的积极性。哪怕孩子过来捣乱，家长也应该让孩子尝试一下。我大哥的孩子刚三岁的时候，看到地上有垃圾，就拿起扫把来扫；看见地上有水，就拿着拖把四处拖，直到水没有了为止。这是孩子最早表现出的劳动意识，如果父母好好把握住这个机会，相信孩子就能从小养成爱劳动的习惯。

孩子稍微大一点之后，如四五岁之后，家长应该放手让孩子自己做一些事情，如穿衣、穿袜、洗手、洗脸、洗脚等。家长还可以有意识地让孩子学着叠被子、整理床、扫地、收拾玩具等。即使家长看到孩子做得不是很好，也要鼓励孩子，逐步培养孩子的劳动意识。孩子劳动主要看态度，而不仅仅是看结果。千万不要埋怨孩子做得这也不是，那也不好，挫伤孩子的积极性。即使劳动质量不够好，也不要让他重做一遍，不能使孩子感到自己的劳动没有用。

有一些孩子由于家境困难或其他原因辍学，很早就步入社会参加劳动了。还有一些半工半读的职业高中或中专的学生，他们参加劳动的时间同样比较早。实践证明，这两类孩子相对早熟，劳动意识相对强一些，很早就建立起了劳动观念和金钱意识，社会上的不少成功人士便是这样成长起来的。

要注意的是，孩子初次动手劳动时，可能会出现一些小问题，如洗东西洗得不干净，或者弄伤了手脚等。这时，家长除了表扬孩子的勇敢外，还要赞扬孩子的出色表现，鼓励孩子继续做下去，必要时可以给孩子一些物质上的奖励。

家长要经常和孩子一起劳动，分享劳动成果。家长可以和孩子比赛，如比赛整理房间、扫地、拖地、洗菜、剥花生等。刚开始比赛时，家长可故意放慢速度，让孩子获得胜利，这样孩子就会有成就感，迸发劳动的热情。当孩子掌握方法后，家长可不断提高要求。同时，家长要和孩子分享劳动技巧，帮助孩子做得更好。

平时，家长要循循善诱，不要逼迫孩子劳动。不管是家长还是老师，发现孩子逃避值日之后，都不能以恐吓的方式惩罚孩子。有些老师或家长一见到孩子没有完成值日，就马上以严厉的方式罚孩子，这会挫伤孩子劳动的积极性，使孩子觉得劳动是十分劳累的苦差事。

最后，家长要和老师沟通合作，帮助孩子成长。家长最了解自己孩子的行为习惯，如果孩子有不爱劳动的表现，那家长应该向老师求助，和老师探讨解决的方法。孩子上学之后，大部分时间都在学校里，老师可以有意识地让孩子做一些力所能及的事情。老师可以通过值日、大扫除等活动，给孩子创造劳动的机会，鼓励孩子积极参与劳动，让孩子感受劳动的乐趣。最常见的是学校的大扫除活动，很多孩子干得热火朝天，满头大汗，大家有说有笑。有时，老师的一句鼓励的话，会让孩子们的干劲更足，全身心地参与到劳动中。孩子在这种宽松而快乐的劳动中，不仅学会了怎样劳动，而且收获了乐趣。

对一、二年级的孩子来说，值日的确需要家长陪同，一则起到示范作用，二则与孩子一起分享劳动的乐趣。家长与孩子一起值日时，也要给孩子一定的任务，比如擦桌子、洗抹布、倒水、排桌椅等。对三年级及以上的学生而言，孩子从星期一到星期五依次轮流做值日生，扫地、拖地、擦窗、倒垃圾等。还有一些孩子负责监督、检查值日生的工作。这样，每个孩子都有事可做了，既能为同学服务，还能逐渐养成责任意识，形成劳动的习惯，塑造良好的品质。

父母还要多鼓励孩子有耐心，做事情有始有终，例如，让孩子每天浇一次花，父母时常监督，并鼓励孩子坚持下去。著名学者刘小枫先生以锲而不舍的精神编纂“经典与解释”丛书，当记者问起他为什么有这般耐力时，刘小枫先生说：“天性如此，加上母亲从小严格管教——刚满 12 岁那天，就要我去洗大被子，说是到了劳动升级的年龄，因为父亲 12 岁就离家进工厂当童工……那个时候，没洗衣机也没洗衣粉，得一点儿一点儿抹上肥皂用手搓啊搓……如今想起来就苦哦。刚开始抹肥皂时，觉得好绝望……何时才是尽头！只好不去想尽头，埋头搓就是……这样就养成了只管埋头干活的习惯。家里的被子其实仍然是母亲和姐姐洗，强制我洗几次，不过是为了磨炼我的耐性。”

孩子天生并不懒。假如父母要真正培养孩子，成就孩子的未来，就应该放开手，让孩子多参与劳动，学会劳动，在劳动中感受生活的艰辛和美好，从而成为一个积极生活、热爱生活的人。

贴心提示：怎样培养孩子爱劳动的习惯

尊重孩子，不挫伤孩子劳动的积极性。每个孩子在很小的时候都会表现出爱劳动的一面，喜欢拿着扫把扫来扫去，家长见到后，可以适当鼓励和引导孩子劳动，使孩子感受到劳动的乐趣。

对孩子的劳动要求不宜过高。由于孩子年龄尚小，体力不足，家长应该让孩子做一些力所能及的小事，如帮助家长整理衣服、拿东西等。家长也别为孩子干活笨手笨脚而烦恼，更不能用嘲讽的话打击孩子的积极性。

要让孩子明白劳动的益处。家长培养孩子的劳动习惯主要是为了孩子的将来，为的是培养孩子的独立意识、自尊自爱意识和责任意识。有些父母为了使孩子爱上劳动，经常给孩子报酬，结果孩子索要的报酬一次比一次高，导致孩子的劳动积极性和成就感建立在金钱的基础上，这是非常不可取的。当孩子完成了某项劳动，父母给孩子最好的报酬是口头的表扬感激和微笑，多向孩子说一声“你真棒”“谢谢”“好孩子”等。

如何与青春期的孩子过招

俗话说："不当家不知柴米贵，不养儿不知父母恩。"养育孩子是一个漫长的过程，这中间有欣喜、快乐、幸福、忧愁、烦恼、痛苦……孩子呱呱坠地的时候，大人总期望孩子长得快些，再快些。等孩子长到"小大人"的阶段，你可能会发现，孩子像变了个人似的，以前在父母面前乖巧可爱的孩子变得多愁善感，孩子的情绪就像六月的天一样多变，喜怒无常，常常乱发脾气，爱冲动，和父母唱反调。

读初二的伟强，身高173cm，长得很帅气。有一次，他穿了一件颜色很鲜艳的衣服，引发了轰动效应，有同学在私底下发出啧啧的赞叹声。要知道，这是他第一次穿自己买的衣服。他穿上这件衣服，显得自信和阳光，但心中又夹杂着不安的情绪，因为他还没有跟父母说起过这件事。可不久之后，衣服的事情还是被父母发现了，父母没收了伟强的衣服。从那以后，伟强变得忧郁和烦躁。

这是比较典型的青春期问题。一般来说，女孩子的青春期大约从10~12岁开始，而男孩子则要比女孩子晚2~3年。心理学家研究表明，青春期孩子的身心发展极度不平衡，这一时期的孩子，生理发育迅速成熟，心理发育则相对迟缓，从而出现身心发展“两重天”的矛盾。

所以，有的父母常说，青春期的孩子最难管教；有的老师也说，青春期的孩子最不好教。尤其是青春期的独生子女，他们经常表现出孤独、不安、冲动、忧郁、苦闷、爱编织美梦……

另外，“乱花渐欲迷人眼”，物化的多元社会极易使孩子原本纯洁无瑕的心灵遭到损害，他们的自我意识往往很强，看问题也容易钻牛角尖，极易对大人产生抵触情绪。

伟强的家长曾经和老师谈过孩子的事情，老师也多次找伟强谈心，但伟强不以为然，仍是一副我行我素的样子，他还在心里埋怨大人为什么不理解他。有时候，伟强满脸阴霾，他感到自己被大人遗弃。

美国“青春期心理学之父”霍尔将这种现象称为“青春期焦虑”。有研究表明，青春期的孩子开始不承认自己是小孩，企图摆脱父母和老师的管束，要求被大人平等相待。但是，当孩子的自我意识和大人的意愿发生冲突时，彼此的矛盾便出现了，随之而来的是孩子内心的焦虑和强烈冲突。伟强第一次穿上自己买的衣服，带有强烈的自我意识，他为自己暂时挣脱父母的管束而庆幸，而这样的胜利却即刻遭到父母的反对，这是他苦恼的真正原因。

后来，伟强妈和老师商议管教孩子的方法，没想到老师给她出了许多妙招，比如，要理解孩子的选择，孩子偷偷买自己喜爱的东西，说明孩子在长大，大人最好能在思想上引导孩子。

青春期是多事之秋。伟强的事情是其中一个例子，还算不上很叛逆的行为，小芳的例子更能说明这一时期孩子的冲动。

小芳正在上初二，学习成绩一直很好。可最近，小芳总觉得父母对她的管教太严格，让她没有自由空间，比如，她与男同学走在一起，父母要批评；她想上网聊天，父母要限制时间。后来，小芳为了和网友聊天，竟逃课出去上网。事后，老师批评了小芳，小芳很不服气，还在背后辱骂老师。

小芳的事情惊动了学校领导，学校领导还将小芳妈叫到学校谈话。小芳妈到学校后，孩子背对着她，似乎在逃避妈妈。小芳妈则感到异常困惑，她怎么也想不到自己的孩子竟会变得那么离经叛道，难道这孩子中邪了？

不，小芳没有中邪，所有青春期叛逆的孩子都没有中邪。每个孩子都有叛逆期，没有叛逆期的孩子，人生是不完整的。所以，父母首先要理解孩子的叛逆期，这是孩子长大的表现。

这一时期的孩子特别敏感，喜欢对周围的人和事物评头论足。有一次，有个小女孩跟我聊起她的老师，她说自己最不喜欢音乐老师。我问她为什么，她说自己也不知道什么原因，见到音乐老师就感觉不舒服。

正如小芳的老师所说，青春期孩子的价值观还不健全，对事物的辨别能力还比较薄弱，容易出现逆反心理。如果家长和老师掌握相关知识，这些难题就能迎刃而解，但这需要家长和老师合作。

有一位妈妈这样说道：

我怎么也想不到孩子会偷偷买烟抽，我先生从不抽烟的。当我发现这个秘密时，孩子一脸慌张。我问他为什么抽烟，孩子告诉我抽烟很酷，他说老师经常在办公室里抽烟，还会吐圈圈，他觉得老师帅呆了。听孩子这么一说，我已彻底无语了。

孩子模仿大人的行为，将明星当作自己的偶像，这都是孩子想摆脱父母的体现。实际上，这是因为孩子缺乏必要的安全感。孩子进入青春期以后，开始探索未知的世界，但他的内心惶恐不安，常常以成年人作为自己的偶像，进行模仿、学习，以期待自己强大起来。于是，孩子们开始“追星”，买来各式各样的明星照片贴在床头、书本上，时刻关注明星的近况，模仿明星的发型和穿着打扮，他们可以为了看一次明星的演出而放弃学习，有些孩子甚至关心起明星的婚姻，把明星当成了自己的意中人。

这些都是孩子成长中的正常现象。令我们担忧的恰恰是孩子的模仿是一把双刃剑，孩子同样会受到成年人坏习性的影响。所以，父母应为孩子营造充满爱、美、真、善的环境，帮助孩子打下良好的做人根底。要允许孩子犯错，青春期孩子没有不犯错误的，孩子犯错更容易成熟起来，关键在于孩子有错，父母要有足够的耐心，帮助孩子纠正错误。

孩子处于青春期，父母要有青春期意识。很多父母对孩子青春期的到来感到非常突然，没有心理准备，更不用说帮助孩子度过青春期了。由于父母没有这种意识，总以为孩子变了样，变得“不乖”和“叛逆”了，容易和孩子产生矛盾。

这时，需要大人引导孩子成长。孩子需要的是正面教育，父母可以鼓励孩子参加一些感兴趣的活动，如玩小游戏、看书、欣赏电影、观看比赛等，家长也可以和孩子一起参加这样的活动，增进彼此之间的情感。特别要多陪伴孩子看课外读物，可以利用故事教育孩子，让孩子懂事明理。

这一时期的孩子希望自己有独立的房间、带锁的抽屉，也希望把自己的日记、QQ 日志或手机短信等隐藏起来……这些都是孩子成长的必经之路。

父母在孩子面前应当是一个真实的人，可以向孩子暴露自身的缺点和错误，也可以向孩子请教一些问题，因为这可以减少代沟。父母可以试着和孩子交朋友，多和孩子谈谈人生、生活、生命、交友、饮食、运动、书籍等话题，也让自己参与到孩子的世界中，与孩子一起分享生活中的阳光和雨露。我们无论工作多忙，都不能忽视与孩子的交流，应该多倾听孩子的内心想法，培养孩子的质疑精神，让孩子自己设计人生。

只要父母多理解孩子，多站在孩子的角度看问题，那么孩子一定会顺利度过青春期。

贴心提示：不在老师面前打孩子

孩子在学校出了事，如打架、学习成绩不好、有不良行为等，家长常常会被老师请到学校里谈话，老师也往往会把孩子叫过来，当着家长的面历数孩子的不足之处。这时，缺乏耐心的家长可能会生气，甚至在老师面前打孩子。

我很不赞成家长的这种粗暴行为，因为这会使孩子觉得很没面子，会伤害孩子的心灵。孩子已经受到了老师的批评，如果家长还当着老师的面打骂孩子，就容易使孩子产生逆反和怨恨心理，从而使孩子和父母之间的沟通越来越难。

其实，在这种情况下，家长最好保持中立态度，多倾听老师的意见，不要妄下结论。家长可以等老师批评结束之后，再和孩子谈话。

“懒妈妈”成就好孩子

有一次，有两个家长站在学校门口聊天，聊起了他们的孩子。其中一个家长愁眉苦脸，有倒不完的苦水，而另一个家长则非常自信，充满活力。她们的谈话大致如下。

家长甲：真羡慕你，孩子那么听话，用不着大人操心。

家长乙：说实话，我们从来没管过孩子，任他自由发展。孩子放学后，自己坐在房间里写作业、背书、看课外书，很少看电视。几年下来，我们基本上不和老师联系沟通，但孩子照样很好。老师都说他很乖，的确让我们省心许多。

家长甲：你说这是怎么回事呀？我们家孩子天天在学校惹是生非，学习成绩又差，老师常常向我告状。我都没脸到学校接送孩子了。

家长乙：真是辛苦你了。

…………

像这样的事例还有一些，或许读者朋友也遇到过这样的情况。看来，培养孩子的方式千差万别，有些孩子很听话，家长很少找老师沟通，也并不是所有的沟通都能解决教育问题。

两年前，我认识一个朋友，她的女儿刚上初一。一家人为了女儿的学习，煞费苦心。她的女儿性格外向，很阳光，有点儿男孩子气，能说会道，有时连大人都说不过她。但是，这个孩子最大的缺点就是学习不认真，有偏科现象，不大喜欢科学课。她的偏科是因为她坐在教室后面，总有同学在上课的时候找她聊天，结果连累她经常被科学老师点名批评，她心里很不舒服，因此经常在背后议论老师。

久而久之，孩子对科学这门功课失去了兴趣。有一次，她来找我，跟我聊起在学校发生的事情，很不解地问："凭什么老师总要说我不好，又不是我要讲话，后面真的很吵。"

我知道她很委屈，因被老师错怪而不服气。可是后来，她对其他功课也失去了学习兴趣，对老师的意见越来越多。她的成绩越来越差，成了班级最后几名。

朋友知道后，想找老师谈谈。有一天上午，她鼓起勇气，硬着头皮去找孩子的班主任，她认为自己去找老师是一次冒险。果然，朋友一到学校，老师对她的孩子很有意见，还说到她的孩子影响老师上课。朋友回到家后，耐心地向孩子说起自己去找过老师的事情，并希望孩子以后能听从老师的教导，不辜负父母的期望。

刚开始几天，孩子变得认真起来，很自觉地听老师上课。可没过多久，她又变得烦躁起来，总感觉父母在监视她。

为了探个究竟，我去了一次朋友家。原来，朋友跟老师沟通之后，知道孩子有了进步，便更加勤快地联系老师，有空就打电话找老师了解孩子的情况，有时还亲自跑到学校找老师。孩子放学回家，朋友常常这样对孩子说："我今天找过老师了，老师说你上课比较认真，作业有进步啊。""听老师说，你上课又在做小动作了。"……

孩子听妈妈这么一说，心里特别反感，她不喜欢她妈妈那样时不时地跑去找老师了解情况，她感到自己毫无个人空间，像被人跟踪监视一样。

我只想说，孩子是无辜的。我知道朋友的性格，她对每一件事情都很较真。我知道她找老师沟通是为了孩子的学习，所以她找老师非常勤快，可她的勤快并没有收到很好的效果。相反，她的勤快使孩子感到反感，这或许是她始料未及的。

她曾这样问我："我已经很努力了，为什么没有效果呢？你说这问题出在什么地方？"

我直接告诉她："你与老师沟通得太多了，这容易造成孩子的反感。虽然你把沟通的结果告诉了孩子，这没错。可你那样频繁地找老师，不仅使孩子感到紧张，也让老师反感，因为你很可能会打扰老师的工作和生活，或者让老师觉得你不够信任他。"

朋友有点失望地说："那我应该怎么办呢？"

我说："最好是减少沟通次数，沟通的最高境界是不沟通，'懒妈妈'照样能成就好孩子。"

"不沟通？这样对孩子有好处吗？"朋友不理解地问道。

我对朋友解释说："家长找老师沟通是应该的，这便于家长和老师亲密合作，教育好孩子。但是，家长和老师沟通时，要看具体情况，不是有关孩子的每一件事情都需要和老师沟通。家长把孩子交给老师，是对老师的一种信任，相信老师有足够的能力教育好孩子。"

我继续对朋友说："从孩子的角度来说，我们重在培养孩子的自理能力和良好的品行，这是孩子适应社会的必要条件。试想一下，如果家长时时联系老师，处处为孩子做好保护工作，那孩子就会成为温室中的花草，即使长成了大人，也可能是一个意志力薄弱的人，经受不起挫折和失败等考验。再说，家长和老师都有自己的工作，总不可能为了孩子的一点小事情而东奔西跑。我们也看到，有些家长几乎很少和老师沟通，可他们的孩子依然很乖，很少让家长和老师操心；而有些家长经常跑去找老师沟通，孩子却不见得有多少进步。所以说，家长找老师沟通也要注意分寸。"

我继续说道："像你这样的情况，因为你经常和老师联系，孩子会觉得你在监视她学习，让她觉得缺乏自由，这应该是你不曾预料到的。可事实上，家长和老师都不是孩子学习的'监工'。你越是积极找老师沟通，孩子越不会买你的账，你努力的实际效果可能是负值。沟通是一门艺术，需要仔细琢磨，不是勤快就能收到效果的。"

家长和老师在沟通上要达到"不沟通"的境界，也就是武侠小说中的"无招胜有招"。老庄哲学讲究"无为而治"，自有他的道理。家长和老师的"不沟通"恰恰是"无为"这一哲学思想的体现。

家长和老师"不沟通"的一个重要前提是和老师进行过深入广泛的沟通。家长和老师沟通不仅仅要谈孩子的学习，还应该谈谈孩子的思想、感情、习惯等。目前中国虽然已经提了很多年的素质教育，但仍然没有走出应试教育的阴霾。因此，家校沟通中最多的话题便是孩子的成绩。学习成绩固然重要，但它不是沟通的唯一内容，老问一件事谁都烦。教育的内容是很丰富的，孩子的综合素质也不可忽视。孩子的学习成绩和自身的综合素质有着密切的关联，如果孩子没有很好的心理素质、良好的行为习惯、健康的体魄等，很难在学习上取得好成绩。实际上，很多家长都没有很好地做到"充分沟通"这一点。我们可以看到，有些家长送孩子去学校报名，仅仅是送到而已；有些家长参加孩子的家长会，往往是走个过场；有些家长即使主动找老师沟通，也常常只围绕着学习这个重心而已。

我认识一个家长，她一心只想让孩子认真学习，以便将来出人头地。每次开学的时候，她都会送孩子去学校报名，并找老师聊几句，一说就说到孩子的学习，让老师多关照孩子的学习。但谈到孩子在家的表现时，她就会说孩子学习不够努力，对于孩子的其他方面的表现，她似乎不愿多谈。

有一天，这个孩子在教室里考试，写着写着，他突然把试卷撕得粉碎，情绪低落地走出了教室。老师去找孩子，结果发现他躲在操场角落里啜泣。从那之后，孩子的作业总是不能按时完成，上课老是走神，成绩一落千丈。当家长领着孩子走进心理咨询中心的时候，孩子满脸的疲惫。心理专家告诉家长，孩子患了强迫症，凡事苛求完美。原因就在于家长平时对孩子要求过于严格。

实际上，家长很早就发现孩子有撕作业本的现象。一次，孩子在家写作业，突然一把撕掉作业本，神情沮丧。可惜家长只关心孩子的学习成绩，却没在意孩子的日常生活表现，也没有很好地把这件事情告诉老师。这是家长和老师没有进行充分沟通的表现，而出现这样的结果是一个家庭的不幸。

我还碰到过一个很少和老师沟通的家长，他除了开家长会和开学的时候找老师谈谈孩子的情况，如孩子的兴趣爱好、性格、想法和在家的作息时间等，其余时间一概不和老师联系，但他的孩子不仅学习成绩优秀，而且兴趣爱好广泛，深受老师和同学的欢迎。

沟通的最高境界是“不沟通”，这并非不负责任的做法。只要家长信任老师，只要家长诚心诚意地把孩子交给老师，相信老师会真心实意地关心爱护孩子，老师所做的一切都是为了让孩子能成为一个优秀的学生，那孩子也可能会像家长所期待的那样成长。家长和老师在充分沟通后，采取不沟通的策略，反而会使孩子在自由的环境中，逐渐养成自觉性，成为独立自主的人。

做一个懂得孩子心理的“懒妈妈”，这也是对孩子信任的表现。现在的很多孩子出现的问题，不是家长和老师管得太少，而是管得太多，这造成孩子胆小、任性、叛逆，动不动就和家长、老师闹情绪。这是我们教育孩子时应当避免的一大误区。

贴心提示：父母应该如何提高修养

父母的修养对孩子的影响非常大，而且会影响父母和老师之间的交往。父母要提高自己的修养，需要从这样几个方面入手：

- 平时抽空多读点书，多读点文学、史学、哲学、教育等方面的书籍，使自己的心灵更加阳光，思想更加深刻。

- 多向老人或有经验的人学习，学习他们的育儿经验和为人处世经验。
- 经常反思自己的行为。我们应该汲取成功的经验，反思自己错误或失败的原因，及时对自己的行为加以总结。
- 可以多听听孩子的心声。父母总是以居高临下的态度教育孩子，结果造成亲子之间的隔膜。父母应多听听孩子想什么，和孩子平等相处。

每一种善意提醒都值得尊重

生活需要提醒，我们从小就习惯在提醒中生活。细心的父母可能还记得，孩子去上学了，总要给孩子提个醒，最常见的如：“要听学校老师的话”“要和同学和睦相处”“下雨天不要乱跑”“多穿件衣服”……这些貌似简单得不能再简单的提醒，恰恰给人以温暖，能增进亲子之间的感情。

有时候，一些老师会提醒家长，比如：“希望您的孩子在家和在学校一样认真”“希望家长督促一下孩子的学习”“您的孩子体质有点弱，需要加强锻炼”……老师这样提醒是为了让家长协助学校教育孩子。有些时候，虽然老师做了这份细致的工作，但家长对此的反应千差万别，有的家长感激老师的提醒，而有些家长却不一定会领情。不少家长可能会把老师的提醒当作耳边风，没过多久就忘得一干二净了。一些家长可能还会以为老师的提醒没用，只是给自己添麻烦。

我当老师的时候，也做过这样的事情。每次放假，我总要发条短信提醒家长，抽空看看孩子的功课和作业。不过，家长很少会给我回复。当孩子开学回到学校，我询问学生在家的情况，十之八九的学生都说父母很忙，没有时间督促自己的功课。只有少数几个学生说父母检查过他们的作业，但说是老师要求的。

有一次，班里的一个男同学和老师吵架，还和老师扭打起来，有一些男同学在后面起哄，似乎在给他呐喊助威。最后，学校政教处领导过来处理，才摆平了这件事。但这件事情并没有就此结束，那个学生还从社会上带了几个小混混到学校找老师打架。最后，学校决定让那个学生回家反思几天。

学生回家后，我给他的家长打了个电话，目的是把学生在学校发生的事情一五一十地告诉家长，还提醒家长注意孩子的情绪波动。不料，那位学生的家长不领情，还说："你们老师倒好，出了事情就把学生往家里搁。"

对于家长的心情，我能理解。老实说，每个老师都希望自己的学生能够平安无事，学生出了事情，老师同样非常担心。但凡事情不是很大，老师能够自己处理的，都不愿意去打扰家长。除非出现大的事情，如情节严重的打架、生大病、犯错屡教不改等。如果学生患了重病，老师让孩子回家休息也是基于多方面的考虑：一是学生因为生病没办法像往常一样听课，学习效率低下；二是学生大病期间需要人照顾，回家休息是为了康复得快一些。

提醒不是坏事情。老师对家长的提醒，有好多方面。有的是出于工作上的需要，比如，有些学校规定老师要在开学前打电话给家长，让家长提前准备孩子上学所需的物品。

如果老师的要求比较多，可能会引起家长的不满。有一年秋季开学前，我打电话给家长，有一个家长很不耐烦地说："你们到底烦不烦？今天要我们带这个，明天又要我们带那个。"说完就把电话给挂了。

家长有点过激，甚至误解了老师的意思。遇到这类情况，家长先得让老师把话说完，明确老师在提醒什么。不管怎么说，老师的提醒总是出于某种考虑。家长可以不接受老师的提醒，但不能立马挂断电话拒绝。

有时候，老师的提醒是出于对学生的安全考虑。特别是在学校放长假或学生请假回家的时候，很多老师都不忘给家长提个醒，让家长多关心一下孩子的在家生活。这些都是非常善意的举动，家长应该重视。

有时候，老师的提醒是一个信号。这个信号是家长理解孩子的一把钥匙，能够让家长读懂孩子的心理。

有个叫菲菲的小女孩第一天去幼儿园的时候，老师给菲菲妈介绍了幼儿园的情况，并且提醒家长抽空到园里看看。菲菲妈当时还以为老师是在为幼儿园做广告，就没怎么在意老师的话。后来，老师发现菲菲有一个坏习惯，就是喜欢把同伴的玩具拿回家。

事情发生之后，老师把情况告诉了家长，让家长平时多注意孩子的行为习惯。菲菲妈知道后，非常气愤。等菲菲回到家，菲菲妈一把拉住孩子的手进行质问，还打了孩子的屁股，孩子哭个不停。

第二天，菲菲妈又收到老师的短信："您的孩子今天表现一直不好，闷闷不乐的，我了解了其中的原因。孩子犯错很正常，您作为家长打了她，这是不正确的行为，会给孩子留下不好的印象，而且会使孩子对家长产生不信任的心理，到时候出现说谎现象就麻烦了。"

菲菲妈这才恍然大悟，不管孩子多大，他们都有自尊和人格，也需要大人的尊重，打骂孩子并不能解决问题。再说，孩子的问题不是一天两天养成的，而是长期溺爱的结果。菲菲妈悔恨当初没有严格要求孩子，害得孩子出现了现在的问题。

菲菲妈连忙给老师回复道："谢谢老师的提醒。都是我们家长的错，对孩子太宠爱了，现在出现这种情况，真让您费心了。"

可以说，菲菲的成长离不开老师的正确引导，老师对家长的提醒无疑是一帖良药。

周末来临，老师给家长发提醒信息："周末到了，先祝您和您的家人轻松快乐。为了您的孩子有更大的进步，烦请您帮忙管教好孩子，让孩子在玩的同时收获知识。"这时，哪怕家长只回复"谢谢，辛苦老师了”，也能让老师感受到温情。

提醒有很多学问。老师不仅要提醒灾祸，也要提醒生活中的美好。著名作家毕淑敏曾在《提醒幸福》一文中说：“提醒注意跌倒……提醒注意路滑……提醒受骗上当……提醒荣辱不惊……先哲们提醒了我们一万零一次，却不提醒我们幸福……常常提醒自己注意幸福，就像在寒冷的日子里经常看看太阳，心就不知不觉暖洋洋亮光光。”

每当我读到这段话时，都会被作者的睿智和博大胸怀所深深感动。有时，老师也应提醒家长注意孩子的进步，比如“你的孩子获奖了”“你的孩子这次考试有了进步”“孩子变得开朗起来了”……家长听到这样的提醒，想必都会十分愉悦。

相对提醒孩子不好的一面而言，提醒孩子优秀的一面更应值得重视。孩子的成才不是骂出来的，不是打出来的，而是夸奖出来的。用什么样的眼光看待孩子，将会影响孩子未来的成长。用欣赏的眼光看待孩子，孩子会变得自信、乐观和坚强；用贬低的眼光看待孩子，孩子将会变得自卑、阴郁和迷惘。老师应多一些好的提醒，少一些抱怨和呵斥。表扬和赏识孩子，更容易让孩子产生强大的动力。

其实，老师的提醒不为别的，只为孩子能健康成长，老师的每一个善意提醒都值得家长尊重。老师的每一句善意提醒都倾注了对孩子的关心，是家长教育好孩子的重要依据。因此，无论家长多么繁忙，请不要忘了关注一下老师的提醒。

贴心提示：家长怎样对待老师的善意提醒

细心的家长可能会发现，老师大都会就这样几种情况提醒家长：日常生活和学习、孩子的异常行为等。老师通常通过这样几种方式提醒：口头提醒、当面提醒、电话告知、通过家校联系单提醒。

受到老师提醒的时候家长最好及时回应一下，表达对老师的理解和支持。可以口头回复或短信回复，也可通过作业留言，只说一句简短的“好的”，或道一声“谢谢”就会让老师备感欣慰。

当然，家长也要善于分析老师的提醒，不盲从。老师的有些提醒可能过于严厉，如老师要求孩子整个周末都在家做作业，老师体罚孩子还要让家长配合。如果出现这样的情况，家长可以根据自己的判断，有选择性地接受提醒。

平等使交流更温馨

在进入话题之前，请大家看看自己是否遇到过类似的问题：

1. 你是否认为老师很难交流？

2. 你是否不想接纳老师的生气和愤怒？

3. 你是否觉得老师的工作很轻松？

4. 你是否认为老师太年轻、没水平？

5. 你是否觉得跟老师说也没用？

6. 你是否觉得老师有些懒惰？

7. 你是否不相信老师的能力？

8. 你是否不支持老师的工作？

9. 你是否觉得老师在等退休？

10. 你是否觉得老师没有管好孩子？

……

家长有这样的问题，至少表明家长比较在乎老师的工作。家长有权质疑老师的工作，也有权监督老师的工作。这都是家长的基本权利。这样的做法不仅正确，而且要大力提倡。但由于种种原因，一直处于弱势地位，家长根本没有很好地行使监督权。

家长在质疑和监督老师的工作时，需要坚持一个原则，那就是平等和尊重。每一次成功的沟通，都离不开平等和尊重。

虽然家长和老师都是孩子的教育者，但在现实中，家长和老师之间的交流并非一帆风顺的，由于思想观念、为人处世、教育孩子的方式等方面的不同，家长对老师存在某种不信任。久而久之，家长对老师产生了偏见，进而双方越来越难以沟通。

有一个孩子刚上初一，各门成绩一塌糊涂，还被同学叫作“小吵客”，意思是说这个孩子在课堂上爱说话，很吵闹。因为成绩不好，孩子的父母对学校教育耿耿于怀，怪罪老师没把孩子教好，还借题发挥说老师管理不到位，没把班级管理好。后来，这位家长经朋友介绍打电话向我咨询。这位家长抱怨孩子上初中后变化很大，说孩子在小学成绩一直十分优秀，是班级里数一数二的好孩子，可孩子进初中后，成绩退步非常惊人，这让她难以接受。她还抱怨老师不好交流，不理解她。

我一直耐心地听着，等到她的心情稍微平静下来，我才开始说：“我知道每个家长都希望孩子能够像自己期望的那样成长，可孩子往往并不会像我们所预期的那样按既定轨道不偏不倚地走下去，有时候甚至反其道而行。这时，最急的当然是家长，但老师同样着急，因为孩子学习不好，会影响整个班级的平均成绩。你说，哪个老师愿意这样啊？”

我接着说：“人与人之间都是平等的，但你内心对老师有偏见，这就造成了对话的不平等。比如，当你气冲冲地质问老师为什么没把你的孩子教好时，老师同样会感到不舒服，造成双方新的不平等。你对老师的不满是可以理解的，可心里带着偏见跟老师说话，老师当然会反感了。你说，谁愿意听到带刺的话呢？”

她不解地问：“孩子学习不好，难道老师没有责任吗？我那样问他有错吗？”她提的这个问题，曾经有很多家长也对我说过。所以，我认为她的这个问题很有代表性。

为了避免和她产生矛盾，我继续分析说：“家长和老师都是孩子的引路人，没有高低贵贱之分，大家在人格上都是平等的。你满腹牢骚地怪罪老师，说什么班风不好、老师没教好孩子，这其实让老师很难接受，因为这表现出你对老师的不信任，否定了老师的工作。再说，你有没有了解过孩子在学校的具体表现，有没有倾听过孩子的内心感受呢？如果你是老师，也遇到像你一样的家长，你会怎么想呢？”

听了我的一番分析之后，她才觉得自己做得有些冒失，问道：“那我现在应该怎么办呢？”

我说：“造成孩子学习退步的原因多种多样，老师教得不好可能是其中一种原因，但问题是，为什么其他孩子能学得好呢？可见最大的原因可能还是在孩子身上，或者是家庭教育出了问题。如有的孩子适应环境能力比较差，一进入新的环境学习，就出现紧张和恐惧心理，没心思学习；也可能是家长没有很好地培养孩子独立自主的能力，孩子难以适应新学校。所以，你首先要和孩子进行心与心的交流。其次，你在和老师沟通时，最需要树立平等意识。请放下你的偏见，调整好心态，将心比心地与老师进行交流。最后，送你一句话：平等使沟通更加美丽！”

我可以肯定地说，几乎每个人都知道“平等”这个词，但人们在具体的交往中，估计很难做到真正的平等。现实中的社会地位高低、财富多少、身体强弱，以及思想观念的差异等都有可能造成人与人之间的不平等。

需要说明的是，偏见与不平等有着千丝万缕的关联。有时候，偏见会造成沟通的不平等。所以，家长在和老师沟通的时候，最需要消除偏见，以平等的态度与对方沟通。

“我所见到的老师太年轻了，比我还小，叫我怎么尊敬他啊？让他先尊敬我还差不多。”

“老师太嫩了，我不敢恭维他的能力。”

“是个女老师，还是个小姑娘，我懒得跟她说。”

……

这些话都体现出家长对老师产生了偏见，而这些偏见是万万不可取的。

沟通是一门学问，也是一门艺术。沟通是心与心的交流，是人类最美丽的语言。好的沟通体现出一种礼貌，一种修养，给人如沐春风的感觉；不好的沟通，则给人粗野的感觉。如果遇到暴力要挟的沟通，那可是对人的侮辱。

理解老师是减少偏见的基础。人们一说到老师，就把老师比作蜡烛和春蚕，说老师是“人类灵魂的工程师”，是“太阳底下最光辉的事业”，这些看似给了老师很高的评价，但这也是对老师的偏见。的确，老师有教书育人的高尚一面，但老师既承担着学校教学和管理的压力，又承受着来自家长和社会的压力。老师最渴望得到家长的理解和支持。有时候，家长一句感谢的话、一次心灵的沟通，都能使老师信心倍增。如果家长能够站在老师的角度理解和体谅老师，那家长对老师的偏见也会逐渐减少。有了相互的理解，就能缩短家长与老师的心理距离，为今后的良好沟通打下基础。

与老师沟通时，家长总不忘这样说：“老师，您辛苦了，您为孩子付出了许多……”这样简单的一句理解与关心的话往往会使后面的沟通十分顺畅。

要尊重老师的人格尊严。无论怎么说，人与人之间在人格上都是平等的，即使一个十分弱小的老师，同样值得家长尊敬。孩子在学校表现不好，不一定就是由老师造成的。有些家长发现孩子表现不好后，就严厉质问老师，像审问犯人一样，那是对老师人格的不尊重。

有时候，老师也会误解孩子，甚至错怪了孩子。有家长说，自己无法忍受老师错怪孩子的行为。孩子都被老师伤害了，还有什么话可说的？家长有这样极端的想法也属正常，但不能因此对老师产生报复心理，我们需要的是对话，是彼此之间的平等对话。家长和老师只有在彼此尊重的前提下，才能获得平等对话，才能真正解决问题。

平等对话，退一步海阔天空。如果家长与老师产生了较大分歧而难以协调，那么家长可以通过退一步的方法，与老师进行沟通。

一个朋友的小孩在读小学五年级，成绩不是很好，老师每天下午都把他留在教室里罚写作业，可他的成绩还是没有上去。孩子家长急了，认为老师根本没把孩子教好，光把孩子留下来罚写作业没什么用。孩子被留得很晚，家长每次去接孩子，都觉得很没面子。那位朋友很想跑去质问老师，可后来还是决定忍住，先观察一段时间再说。

过了一个多月之后，孩子的成绩终于有了起色。那位朋友找老师沟通，这才发现老师的良苦用心：原来老师不是单纯地把孩子留下来罚写作业，而是让孩子罚写作业的同时，学会自我学习。被留下来的孩子不止一个，还有其他五个孩子，老师没有把上课讲过的内容重新讲一遍，而是让孩子自己看书做作业，遇到不懂的地方就问老师。经过一个多月的自我学习，每个孩子的成绩都有了不同程度的提高，更重要的是他们学会了如何自学和管理自己。

所以，当家长和老师存在隔阂时，家长不妨采取“退一步”的策略。老师在教育孩子的时候，毕竟有自己的方法。当家长无法理解或无法认同老师的教育方法时，最好先不要急，可用向老师咨询或请教的语气与老师沟通，了解老师的教育方法。如果老师的教育方法真的无益于孩子的身心健康，如体罚、辱骂等，那么家长务必及时与老师沟通，但也不能贸然行事。

家长要适当改掉自己的缺点。家长在教育问题上与老师意见不一致，产生冲突和摩擦是难免的，但有些冲突的产生跟家长自身有关系。最常见的例子是孩子娇生惯养型。这样的孩子比较任性，经常和同学发生一些争执或摩擦。我们都知道，孩子的娇生惯养不是一天两天形成的，而是和整个家庭教育有关系，这个责任当然是家长的。

我们常说，父母是孩子的第一任老师，家长的一举一动都会影响孩子的成长。孩子某些品格的养成，跟家庭教育有很大关系。比如，孩子说脏话，不懂礼貌，不讲卫生，任性，爱吵闹，不听大人的话，很可能是家庭教育造成的。

当家长发现孩子的问题是由家庭教育造成的时候，最好反思一下自己的行为方式和教育方法，改掉缺点，力求解决问题。

家长和老师需要相互信任。相互信任是沟通的坚实基石。家长可以借助书面沟通（如发短信、写电子邮件等）的方式，让沟通更合理、更有效。家长要悉心听取老师的意见与建议，并与老师交换意见。因为平等交流意见，家长和老师的沟通才有可能达到思想共振的效果，碰撞出火花。

需要指出的是，老师在与家长交流孩子的表现情况时，应努力做到及时、全面、经常化，以正面引导为主，先报喜后报忧，避免当众指出孩子的错误和缺点等。

家长和老师只有在平等和相互尊重的基础上才能真正实现沟通，平等为沟通铺平了道路，使沟通更加高效。

贴心提示：怎样让老师接纳家长

家长需要接纳老师，老师同样需要接纳家长。要想得到老师的认可，家长不妨尝试一下以下的做法。

- 家长和老师见面时注意着装的整洁，从而给老师留下好的第一印象。
- 谈吐自然、热情、有亲和力。
- 察言观色，注意对方的情绪变化，适当调整谈话内容或方式。
- 诚恳地表达自己的观点。
- 和老师谈话时别抽烟。
- 老师陈述情况时最好不随意打断、插话。

● 别忘了肯定老师付出的辛勤劳动，诚挚地感谢老师，增进双方的感情。

总之，注意沟通细节是非常重要的一点，这有可能关系到沟通的成败。

教育的秘诀不是一个人苦撑

培养孩子，犹如创作一件精美的艺术品，需要时间和精力，更需要合作，特别是父母和老师的精心合作。既然是合作，那必定要有沟通。大量事实证明，教育的秘诀不是一个人苦撑，一个学习优秀、品行端正的孩子不是一个人培养出来的，而是孩子父母、老师和社会共同教育的结果。

在以往的教育中，很多父母都认为孩子就应该由自己全身心地带，不论自己多苦多累，都应该把孩子拉扯大。

通常，父母会勇敢地背负起所遇到的教育难题，自己慢慢摸索解决。然而，这样的教育方式看似勇敢和负责任，但由于缺少他人教育经验的帮助，很容易使自己在教育孩子方面走弯路。其实，明智的父母应多与他人沟通，适当整合各种教育资源。我们都知道，父母和老师在孩子成长道路上起着很大的作用，这些作用是再多的金钱都无法买到的。家长和老师不仅需要保持良好的关系，而且需要积极的互动。

家长可以向老师倾诉教育孩子的烦恼。父母都知道，教育好孩子并非一件简单的事情，单是把孩子带大，就需要大量的时间、财力和精力。在这个过程中，几乎所有的父母都有过烦恼的经历。很多父母宁愿自己心里不舒服，也不向别人寻求帮助，结果使自己的烦恼越来越多。我认为，这是一种很不好的做法，会把心给闷坏的，对自身健康很不利，对教育孩子同样很不利。有时候，家长不妨把自己的烦恼和老师说一说，也许老师正有着和父母一样的烦恼呢。

我遇到过很多父母，每当他们提起带孩子的经历时，都有说不完的烦恼和忧虑。我认识一位母亲，她的孩子小敏在读初二，眼看着功课渐渐多起来，小敏妈更加担心孩子的学习。孩子读小学的时候，只有语文和数学两门主科，到初中突然多了好几门功课，而且要为之后的中考做准备，孩子的学习压力自然不小。小敏偏爱文科，对数学、科学这两门功课不是很喜欢，成绩在班级里处于中下水平。

令小敏妈感到担忧的不止这些。小敏迷恋看情感类电视剧，看着看着，还会一把鼻涕一把泪地哭起来。

小敏妈还注意到一个现象：很多时候，小敏一进门，就把自己锁在房间里，过了很久才会出来。做作业的时候，小敏也会把自己锁在房间里。有一次，小敏妈无意中翻了翻小敏的作业，结果被小敏发现，小敏埋怨说现在的父母不理解孩子，侵犯孩子的隐私。小敏妈对小敏的行为感到既无奈又无助，总觉得管教孩子非常累人。

这是一种比较常见的现象，不少父母宁愿自己辛苦一点，也不愿意将自己的烦恼跟身边的人倾诉。如果小敏妈能够及时地找老师聊聊自己的烦恼，也许就能早日减轻忧虑了。老师接触过各种各样的孩子，有教育经验。此外，父母向老师倾诉苦恼，会让老师觉得父母非常有责任心，引起老师对孩子的关注，家长也可以借此舒缓压力，获得轻松的心理。

家长可以与老师分享教育孩子的快乐。孩子是父母最甜蜜的负担。教育孩子虽然艰辛，但也有快乐，如孩子学会了走路、能自己穿衣服、学习成绩优秀、懂事有礼貌、得到老师表扬等，都是让父母高兴的事情。也许我们还有这样的印象：孩子有了一点小小的进步，我们都会迫不及待地把孩子的表现告诉周围的人，心中有说不出的快乐，喜悦之情溢于言表。

当家长和老师沟通时，也可以将自己教育孩子的经历和老师说一说，与老师分享其中的快乐。这样一来，既可以拉近彼此之间的距离，也能获得更多教育孩子的经验。我记得有一个孩子的父亲跟我聊起孩子的学习问题，他还时不时地讲了许多自己教育孩子的快乐，这让我感到非常亲切。在分享快乐的同时，我们还总结了一些教育经验，这可是一举两得的事情。

与老师谈谈自己教育孩子的经验不失为一种好方法。每个父母都有自己的教育心得，每个人的教育经验都有值得借鉴的地方。当你和老师沟通时，请不要吝啬你的口舌，要和老师谈谈你教育孩子的经验。好的教育方式能让孩子更加聪明，而不好的教育方式则可能毁掉孩子的一生。家长跟老师谈教育方式，其目的是取长补短，更好地教育好孩子。

每个孩子的个性特点和成长经历都不一样，这使得每个父母教育孩子的方式千差万别。从老师的角度来说，老师的精力要分给全班几十名孩子，而不是某个孩子，难免有疏漏的地方，而家长的教育经验对老师有一定的启发作用，这也是一种教育资源的补充。同样，老师的教育经验也会给父母一些启发。

我在当老师的时候，常和学生的父母谈起彼此的教育经验。有一次，我去一个孩子家里走访，孩子的父母谈起自己的教育经验，他们认为要使孩子懂事并不难，只要孩子切实地体会到大人的辛苦，大多数孩子都能从沉睡中苏醒过来，变得懂事。老师应当像父母一样对待孩子，要时刻让孩子感受到老师的用心良苦，这样容易使孩子理解和尊敬老师。

后来，我把这个经验用到了学校工作上，和孩子们一起学习、工作、吃饭、活动，让他们真实地感受到老师一天的生活。结果，很多孩子都纷纷对我说：“老师，你们真的很辛苦，我们现在理解你们了。”听了孩子的话，我感到无比欣慰。

在我们这个有着“望子成龙，望女成凤”传统的社会里，每个父母对孩子都寄予了厚望，不管哪一个父母都希望自己的孩子前程似锦。父母和老师谈及自己对孩子的期望，能为老师了解孩子的成长提供帮助。

不妨与老师聊聊生活压力。现代社会，生活节奏加快，每个人都有不小的生活压力，而压力往往会影响到父母对孩子的教育。如果一个孩子在上小学的时候，父母双双下岗失业，连最基本的生活都难以保障，他们哪能管得了孩子的学习生活？

有父母说，生活压力属于自己的事情，跟别人说会很没面子。我能理解这样的顾虑，但我认为，家长和老师谈生活压力有很多好处，如增进了解，体谅对方的难处，必要时可以相互帮助，还可以增进信任，使彼此在教育方面达成默契。

有一位母亲因为孩子厌学情绪严重，被老师请到学校谈话。那位母亲穿着十分朴素，对老师非常有礼貌，她的孩子上初中之后就开始厌学，总想着出去挣钱。老师了解到原来孩子的父母都在建筑工地做小工，收入很低，而且孩子的父亲在一次施工中出了工伤事故，双腿残废了，只能靠孩子母亲一人打工维持生活，懂事的孩子因此萌发了辍学打工的念头，想帮助家里减轻负担。

这次谈话之后，老师向学校申请免掉了孩子所有的学习费用，还让学校资助孩子的生活费。这个孩子因为得到学校的帮助，决心努力学习来报答学校老师。值得欣慰的是，那个孩子后来考上了当地的一所重点高中。

和家长一样，老师也有生活压力。很多老师除了学校的工作，回家还要做家务活，承担许多生活负担。特别是年轻的老师，除了工作压力外，还可能碰到买房子、结婚、照顾父母等压力。

如果情绪低落，在老师面前哭泣并不是弱者的表现。和老师沟通时，家长最担心自己在老师面前出洋相，因此交流中常常掩饰着自己的情绪，这看似坚强，其实没必要，即使父母在老师面前哭泣，也不会被视为弱者，亦不会失去作为父母的尊严。

很多朋友遇到伤心事的时候，喜欢找我聊天，原因就在于我会给他们一个自由倾诉的空间。有不少家长因为孩子的事情找我，我都耐心地倾听着。说到孩子的不足之处时，很多父母会为自己管教不好孩子而哽咽起来，流下伤心或悔恨的泪水。我从不认为这是父母软弱无能的表现，而是父母情感最自然的流露，是父母在反思自己的教育方式，或者是向人求助。

与老师聊起自己小时候的老师。有家长可能会问，为什么要聊起自己小时候的老师呢？其实，这是非常好的一种教育对照和反思。**时代在变化，但教育的本质没变，那就是培养一个人格健全、懂事明理、能够独立生存的人**。聊起小时候的老师，能使彼此回忆起老师的教育方式，反思自己的教育方式，这对教育孩子很有帮助。聊起小时候的老师，也可以让我们从中汲取一些教育孩子的经验，借鉴那些老师的教育方式。

贴心提示：家长有心事，可以这样说

如果家长遇到了难以解决的心事，又很想找人谈谈，可以用请教的口吻和老师说一说。

家长在表达的时候，语气要诚恳，态度要谦和。如果家长遇到的是孩子的事情，可以这样对老师说：“老师有时间吗？我想和您谈谈孩子的事情。”如果家长遇到的是自己的事情，也可以这样对老师说：“不知道老师有没有时间，有件事情一直困扰着我，很想让老师帮我分析一下。”还可以这样说：“老师，恕我打扰一下，可能要浪费您一点时间，我想和您说件事。因为这件事情，一直影响着我教育孩子的心情。”

曾经有个打算离婚的家长咨询过我一些问题，我觉得她的说话方式值得借鉴，她是这样对我说的：“老师，打扰您休息了，有件事情不知道该不该和您说。我怕自己的决定会影响孩子的学习。”当家长向老师讲述自己的心事时，可以和孩子的学习联系在一起，这是有技巧的表现。

第四章　怎么做，家校沟通才愉快

梁实秋说：“谈话，和作文一样，有主题，有腹稿，有层次，有头尾，不可语无伦次。”父母在与老师沟通时，同样需要技巧。掌握良好的沟通技巧，可以让家校沟通有质的飞跃，真正收到实效。

揭下老师那神秘的面纱

与老师有过交流的父母，可能有这样的经历：因为与老师不熟悉而觉得老师不好沟通，因为不了解老师而对其产生误会。

这几年来，有不少父母向我咨询如何与老师沟通的问题，我经常这样问他们："你对老师了解多少呢？"很多父母听到这个问题就傻了眼，他们果真对老师知之甚少，有的父母压根儿对老师一无所知。

事实上，良好的沟通从了解对方开始。所以，家长在与老师沟通之前，应该想一想：你了解老师吗？

老师的类型

老师由于性格等方面的不同，可分为多种类型。家长在与老师沟通时，也要考虑老师的性格特点。

外向型老师。这类老师活泼、热情、大方，喜欢与人接触，家长可以通过面谈的方式与这类老师沟通。

内向型老师。这类老师内敛、安静、不张扬，不善于与人交往。他们默默无闻地工作，即使做出了成绩，也不四处张扬。比如，王女士的孩子在读小学三年级，她发现孩子的老师不大愿意与人交流，每次打电话，没说几句就挂了，但孩子在老师的管教下，学习成绩一直很好。王女士为了表示感谢，特地去学校看望老师，哪知老师只是淡然地笑了笑。另外，内向型老师不大会主动联系家长，需要家长多主动联系老师。当家长碰到这类老师时，可采用书信、短信、电子邮件、QQ 等方式与之进行沟通。

当然，世上没有绝对内向或外向的老师，有些老师的性格在外向和内向之间，即所谓的“半内向型老师”或“半外向型老师”。这类老师的性格比较沉稳，又有热情的一面，比较适合面对面的沟通。

严肃型老师。有些老师成熟、深沉、严肃，甚至有些古板。学校里有不少这样的老师，为了管好班级，常常板着脸，摆出一副凶狠的样子。这类老师不大喜欢笑，连说话都一本正经。我碰到过一个老师，他一直非常严肃，常板着脸和家长说话，与他讲话的人自然会有一种压抑感。所以，不仅学生怕他，连家长也怕他。家长遇到这样的老师，可以事先打声招呼，征得老师的同意。在面对面沟通时，家长最好以幽默的语言缓和一下气氛。当然，家长也可以通过电话等方式和老师交流。

可爱型老师。这类老师往往以年轻人居多，给人的感觉是稚气未脱，容易接近。可爱型的老师具有很强的亲和力，而且会主动找话题和家长沟通。当家长遇到这类老师时，可以在十分轻松的环境中与之交流。

耿直型老师。这类老师无话不说，可能会说些伤害家长的话。我碰到一个家长，她曾向我抱怨，说自己被老师狠狠地批评了一顿。当家长遇到这类老师时，千万别和老师过不去，应多从老师的角度思考问题。说话直截了当的老师，会直接把孩子的问题反映给家长，这对家长了解孩子非常有益。

顽固型老师。这类老师思想保守顽固，喜欢钻牛角尖，既不喜欢听取别人的意见，也不喜欢采纳别人的建议。不过，这类老师并不是很多，当家长遇到这类老师时，不管怎样，都应先肯定老师的工作，对其坦诚相待。当家长与老师意见相左时，要尊重对方表达的权利，正如法国思想家伏尔泰所说：“我并不同意你的观点，但是我誓死捍卫你说话的权利。”有时，家长的情感会感化顽固型的老师，最终收到一定的效果。

其实，只要家长细心观察就不难发现，每位老师虽然性格迥异，但他们都有一颗热爱教育、关爱孩子的心，都把孩子的健康成长当作自己的使命，都愿意和家长一起为孩子创造良好的教育环境，并为孩子们能健康快乐地成长行使神圣的职责。

老师的工作

早在唐朝的时候，大文学家韩愈就说过：“师者，所以传道授业解惑也。”在现代人看来，在一般的学校里，老师担负两大重任：教学和育人。教学就是韩愈所说的“授业”，即传授学科知识，帮助学生打开知识的大门。而老师的育人职责则是重中之重，老师不仅要懂得心理学、教育学等方面的知识，还要了解孩子的性格、心理、成长等特点，不仅要管理好孩子，还要把正确的人生观、价值观和世界观传授给孩子，为孩子的成长输送各种养料。在整个教学过程中，老师还担负着孩子在校期间的安全问题，孩子一旦出现问题，就得及时与家长联系。总之，老师工作的出发点就是一切为了孩子，为了孩子的一切。

老师眼中的好孩子

在我们的社会里，“好孩子”不仅要学习成绩优秀，而且要在各方面表现出色。但在很多老师眼里，“好孩子”即“乖孩子”，在学校里不吵不闹，遵守纪律，对老师的话言听计从，而且学习成绩优秀。至于那些吵吵闹闹、影响课堂纪律、学习成绩比较差的孩子，则被称为“问题孩子”。老师最头疼的是那些调皮捣蛋的孩子，因为这些孩子经常惹老师生气。那些性格内向、不合群的孩子，也经常被老师忽视。

老师喜欢什么样的家长

常有家长在和老师沟通之后，对我说："老师好像不大愿意和我说话。""老师偏心。"说到老师喜欢什么样的家长，这是一个见仁见智的问题。每个老师心目中对"好家长"都有不同的定义和标准，正如一千个读者心中有一千个哈姆雷特。但只要是知书达礼、谦虚礼让、心胸宽广的人，有谁会不喜欢呢？让老师喜欢的家长必然也是一个品行优秀的人。

老师希望家长主动交流吗

我当过老师，有过这样的感受：很多老师希望家长能主动与自己沟通。老师平日里工作很忙，若非孩子发生了特殊的事情，老师不一定会有闲暇的时间找家长沟通交流。既然如此，就把这个主动权交给家长吧，一般情况下，老师对那些积极主动地找老师沟通的家长是持肯定态度的，老师当然是非常乐于和家长就孩子的问题进行愉快交流的。

老师常用哪些方式惩罚孩子

在实际生活中，老师惩罚孩子是常有的事情。老师到底用哪些方式惩罚孩子呢？我接触过很多孩子，说到老师的惩罚，他们都说有这样几种：罚抄作业、罚站、罚扫地、罚钱……有些老师还用罚蹲马步、罚跑步、罚青蛙跳等方式惩罚孩子。在低年级学生当中，罚抄作业（或抄书）是比较常见的一种方式，一些孩子犯了错误，被老师罚抄很多遍作业。

我们且不管这种惩罚方式有没有用，但这种惩罚很容易给孩子的心灵造成伤害，使大多数孩子从此失去学习的信心和兴趣，并且会让孩子对老师产生一定的恐惧心理或者叛逆的心理。所以，在孩子受到老师的惩罚时，家长很有必要和老师协商，探讨一种比较合适且能使孩子认识到错误的教育方式，促使孩子内心觉醒。比如，孩子犯错之后，老师或家长陪孩子散步，一边散步一边教育孩子，避免过度训斥孩子。在国外，孩子犯了错误，有些父母会将孩子关在一个很安全的房间里让其进行反思，有些父母会和孩子一起躺在床上以平等对话的方式帮助孩子认识错误，有些父母会带孩子一起读名人传记，让孩子认识到名人小时候是怎么改正错误的……这样的方法还有很多，需要父母细心分析，多加思考。

老师的教育方法适合孩子吗

好老师固然有一些优秀的教育方法，但未必适合每一个孩子。我们常说，因材施教，因人而异，老师的教育方法可能适合某些孩子，但不可能适合全部孩子，所以在大力推行素质教育的今天，因材施教显得尤为重要。

遇到棘手的问题，有些老师爱推卸责任

有一部分老师遇到一些棘手的问题，比如，孩子生病、不爱学习、打架、摔伤等，他们可能会不大愿意承担责任，而喜欢将责任推给家长。当然，这样的老师毕竟是极少数，他们之所以推卸责任，最大的原因是担心孩子出了问题，家长找他们麻烦。其实，这不是一种明智的做法。老师越是这样逃避责任，越会让家长反感。

当然，孩子出现了问题，家长也得换位思考，尽量减少彼此之间的摩擦。

总之，家长了解老师是沟通的前提。而信任老师，对老师的工作给予理解和支持是沟通的良好开端。

贴心提示：怎么看待老师发牢骚

老师发牢骚是相当正常的现象。老师也是人，人总会有情绪高涨和低落的时候，总需要找个情绪宣泄渠道，释放负面的情绪。适当地发牢骚有助于缓解身心压力。

值得一提的是，首先，老师发牢骚并不等同于他的实际行动，家长大可不必担心。其次，换位思考，相互信任。既然我们把孩子送进了校园，那我们先得相信老师，相互信任是教育好孩子的重要基础。再次，我们从老师所发的牢骚中还可以获得一些信息，比如老师面临的就业压力、老师的工作难度、老师对孩子的态度等，再比如老师抱怨现在的孩子越来越不好管教，那我们是否该反思一下自己的家庭教育方式呢？人与人能相处愉快，很大程度上是因为能推己及人、换位思考。我想聪明的家长们一定能耐心倾听老师的牢骚，体谅老师的不容易。

“加油，老师”

很多时候，家长常提醒老师鼓励孩子，可唯独没想到自己也应鼓励老师。作为老师，我非常清楚自己的角色和担负的职责。我始终觉得，老师也需要家长的鼓励，这是对老师工作的最好支持。有一年，我带了一个纪律不是很好的班级，学生上课说话、吃零食、随意走动，有时还吵架。那时，我总提心吊胆地去上课，生怕学生出乱子，对不住孩子的父母。我想尽方法让班级的孩子安静下来，有时给他们讲讲故事，与他们聊聊吃穿……但是，这个班级的孩子实在非常聒噪，合作意识不强。

正当我一筹莫展的时候，有家长向学校领导告状，说我所教的那个班级特别闹。我能理解家长的做法，可是，这样一来严重打击了我的自信心。我是多么希望有家长向学校领导反映我的好，哪怕是对我说一句鼓励的话，我也会信心倍增。

有个当老师的朋友也遇到了类似的情况，他非常失望地说：“我辛辛苦苦地为孩子们做了那么多，没有功劳也有苦劳，哪知道居然没有一个家长过来鼓励我。”我很同意他的看法，因为每个老师都有缺乏信心的时候。

把老师当作自己的盟友，把鼓励当作生活的常态，这不失为一种比较好的合作思想。家长和老师在教育孩子方面缺一不可，没有所谓的“好老师胜过好妈妈”或“好妈妈胜过好老师”。

教育孩子如同参加马拉松比赛，需要十足的自信和耐心。如果老师是新手，既缺乏工作经验，又有许多教学和管理上的困惑，他们每做一件事情，都是一种尝试，这时最需要家长的认可和鼓励了。

如果老师带新生班级，对班上孩子不甚了解，可能很难正常开展工作，也需要家长的支持和鼓励。

老师的工作特别辛苦，很多时候，老师为了提高孩子的学习成绩，起早贪黑地工作，最需要家长的鼓励和支持。尤其是带毕业班的老师，他们为孩子付出的时间和精力更多，就更需要家长的赞许和鼓励了。家长的鼓励，既是对老师工作的肯定，也是对老师工作的期待。

如果老师遇到特殊情况，如老师生病住院或参加比赛等，同样需要家长的鼓励。有些老师在生活中遭遇不幸或重大打击，心情黯淡，难免会将情绪带到课堂上来。有些老师到了更年期，脾气特别暴躁，动不动就批评学生。在这种情况下，家长要理解和宽容老师，老师也是人，站在老师的角度看问题更能促进沟通。

另外，孩子有了进步，离不开老师的付出，家长应该鼓励和感谢老师。

有一次，马老师跟我聊天，谈起发生在他班上的一件事。他班上有一个叫小凯的孩子，特别爱说谎。小凯很少按时上交作业，而且总有很多理由，不是作业丢在家里了，就是作业本被人拿走了。有好几次，小凯觉得上课无聊，瞒着老师溜出校园。马老师知道后，立即打电话给小凯家长。接电话的是小凯妈，马老师把小凯逃学这件事告诉了她。小凯妈一听就火大，很想把孩子狠狠地批评一顿。

马老师还说：“小凯逃学不是一次两次了，而是很多次，还在老师面前说谎。”

小凯妈说：“想不到孩子变得这么坏，真是没出息啊。”

马老师说：“您的孩子还有挽救的机会，我们得想办法帮帮他。”

小凯妈听后，高兴地说：“我们做父母的，都希望自己的孩子有出息。您有什么好的方法，就尽管做，我支持您。”

经过一番谈话之后，马老师大致了解了小凯在家的表现。于是，马老师对小凯妈说：“我想让小凯来当班级的纪律委员，以此来约束小凯的散漫行为，不知道您有什么意见？”

小凯妈说：“我就怕这孩子到时候不听话，自己都管不住自己，还会影响其他同学。我怕您的这番苦心白白浪费。不过，您有这样的想法，我是完全支持的。”

马老师想了想，说：“是啊，我也不清楚结果会怎样。既然有您的支持，我就先试试看看。”

有了小凯妈的全力支持和鼓励，到了班会课的时候，马老师把自己的想法告诉了班里的学生，说道：“我想在班级增加一个纪律委员，让小凯同学来担任。”

当马老师宣布这一消息的时候，班上炸开了锅，孩子们在底下议论纷纷，对小凯的能力表示怀疑。而此时的小凯则像被什么击中了一样，表现出前所未有的吃惊。

最后，小凯当选了纪律委员。从那以后，小凯变化很大，不仅按时上交作业，而且再也没有逃过学。

小凯妈也慢慢发现孩子有了不少进步，就打电话告诉马老师：“孩子果真变好了，谢谢老师的帮忙。只要对孩子有好处的事情，我都支持您。”

小凯妈的肯定和鼓励，让马老师信心大增，他继续鼓励小凯管理好班级。没过多久，小凯俨然成了马老师的得力助手，把班级的纪律管得非常出色，令很多同学刮目相看。

这是一个很普通的例子，家长的鼓励的确起到了很大的作用，使老师在工作上更加细致和用心。

有这样一位英语老师，他在一所中学里实习，由于缺乏教学和管理经验，他的课堂吵哄哄的，连喜欢学习的孩子都失去了信心。

家长知道后，纷纷打电话向学校领导反映情况。领导查明情况后，没有调换老师，而是让实习老师继续任教，并且建议家长多肯定和支持老师的工作。班主任知道这件事情后，向家长解释了原因，希望家长能够配合实习老师的工作，建议家长给实习老师发些关切和鼓励的短信。

周末的时候，有不少家长给实习老师发信息。有家长说："人生难得几回搏，相信新老师能够在拼搏中创造奇迹。"有家长说："这是人生的必经阶段，您还年轻，会做得更好。"有家长说："相信新老师会用一颗年轻的心感化这些孩子。"还有家长说："老师，我们都支持您的工作。"……

看着这些鼓励的话语，实习老师流下了感动的泪水，他决定反思自己的教学和管理方法，还暗下决心，一定要成功。不但如此，实习老师还经常跑去听课，找老教师请教工作上的问题。

有了家长们的支持和鼓励，实习老师信心倍增，也逐渐改变了以往的教学方式，孩子们的不满情绪慢慢地消失了，取而代之的是赞许和欣赏。

我们可以设想一下，假如班主任没有及时向家长解释，假如家长不鼓励实习老师，而是像孩子们一样抱怨、指责老师，那结果可想而知，这个班级只会变得更糟糕，甚至出现师生对立局面。我们可以毫不夸张地说，家长的鼓励是老师工作的动力，能够增强老师的信心，让老师展示出更加出色的才华。

鼓励如一阵春雨，能够滋润人的心灵，也能让老师更有干劲，战胜工作和生活中的种种困难。

总之，每个人都需要别人的赞许和鼓励。孩子的成长离不开老师的关心和帮助，而老师兢兢业业地工作，同样离不开家长的支持和鼓励。请大声地为老师呐喊："老师，加油！"

贴心提示：怎样鼓励老师

家长鼓励老师要注意以下几点。

- 描述你的真实所见。对老师的辛苦付出，家长可以由衷地感谢，比如："老师，您辛苦了！""感谢老师的辛苦付出！""孩子交给您，我放心！"
- 家长的鼓励要合情合理，说出自己的真实感受。对老师提出的建议，家长也要仔细分析，看看老师的建议是否合理，关键是对孩子的成长是否有利。如果认为老师所提的想法不合理，家长也可以委婉地提出自己的观点，与老师讨论。家长用不着毫无原则地鼓励老师。
- 鼓励不是溜须拍马。有些家长把鼓励老师当作讨好老师，甚至献媚，这是非常不可取的。
- 家长在鼓励老师的时候，也可以提提自己的想法，多配合老师的工作。
- 家长不仅要鼓励老师，而且要让孩子认可老师，鼓励老师。

别让不良情绪阻碍沟通

人生就像一出戏剧，每天都有演不完的戏。很多时候，正是情绪导演了一出又一出的戏剧，这在沟通中显得更加明显。

小艺是小学四年级的学生，读书还算努力，可成绩一直不是很好。有一次数学考试，小艺只考了 32 分，更让老师生气的是，这孩子还在试卷上画画，一张试卷变成了一幅画。成绩出来后，老师即刻把小艺家长叫到学校。家长到了学校，老师一把拿出小艺的试卷，哭笑不得地说："你看看你的孩子，哪里像是在学习！"说着说着，又冒出一句："你做家长的，是怎么教孩子的？"

我曾经就这个问题咨询了 5 位家长，其中一位是小艺的家长。这 5 位家长都聊起了自己和老师之间的交往经历。有一位家长还被老师当面训过话，他说："一个大男人，居然被一个年纪比自己小的女老师训话，心里实在不好受。当时，如果不是看在其他老师的分上，我肯定要骂她几句。"面对老师的责难，家长的第一反应常常是心理不平衡，表现出愤愤不平的情绪。

当我问起家长如何看待老师的抱怨时，这些家长纷纷说听不下去，认为老师最好不要在家长面前发火。这听起来有点道理，但每个人都有发火的时候，如果学生的表现实在不好，老师对学生家长发火也是可以理解的，关键是家长要有耐心听下去，因为很多时候，家长和老师沟通失败的原因在于管理情绪的失败。

有情绪并非坏事，关键在于如何管理情绪。有句古话叫“多一事不如少一事”，我们在和别人争论时，总希望将情绪置于问题之外。实际上，这非常难做到，因为隐秘的情绪更可怕，会使对话蒙上沉重的色彩，让双方互相猜疑。

如果家长在和老师谈话时，发现自己被老师误解，感到自己很受伤，虽然他没有把这样的情绪直接表现出来，但他的心里已经留下了阴影，产生了抵制或防备心理。如果这样的隐秘情绪累积到一定程度，很有可能在谈话中爆发出来，损害沟通双方的人际关系。这样的话，一场对话将变得非常困难。

就刚才所举的小艺这一例，家长们认为老师不应该发火，其背后潜台词是：老师要为人师表，发火有损老师的形象。支持这样观点的家长不是没有，而且数量相当大。我想说的是，我们不能认为对方有情绪是素质不高的体现，好人也有坏情绪。

很多情况下，我们只在乎自己的情绪，却忽视了他人的情绪。其实，每个人的情绪都很重要，因为情绪能透露出其真实的想法。比如，老师对家长发火，表现出老师对家庭教育的失望，或者孩子所犯的错误让老师坐立不安。同样，家长对老师发火也可能反映出老师在工作上的失职。

情绪源于某种认知的偏差和矛盾。有时候，家长对老师的工作存在认识上的偏差，对老师不够信任，认为没有必要听取老师的意见。一旦出现问题，家长就将不满情绪发泄到老师身上。

最常见的是指责。孩子在学校出了问题，家长在第一时间想到的便是找老师，并会借用指责表达情绪。但是，指责解决不了问题，反而会激化矛盾，为解决问题制造障碍。

也许有家长会说，出现问题指责老师有错吗？当然有错，因为这是一种非常有预谋的构思。当指责穿上情绪的外衣，来势汹汹地进攻对方时，我们已经犯了巨大的错误。

很多时候，老师向家长反映孩子的情况，家长一听就很着急，总以为老师不喜欢孩子，总觉得老师在小题大做。所以，在沟通之前，家长常常预设立场，继而出现紧张、焦虑、烦恼、生气等情绪，破坏沟通效果。

有些家长在和老师沟通时，总以为自己的观点是正确的，经常将自己的观点强加给老师。我当老师的时候，曾经碰到过这样的家长，见到老师就说："孩子成绩不好，你们老师有责任，老师的任务就是把孩子教好。"还没等老师反应过来，家长又开始说孩子小时候如何如何听话，将孩子过去的表现和现在的表现做对比，试图把责任往老师身上推。

每个人都可以自然地表达情绪，但不能夹杂指责的成分。家长有情绪的时候，可以将自己的不安、疑虑、愤怒等告诉老师，可以这样说：我感到有点……

这样做的目的是要让老师知道你当前的想法。如果是老师做得不对，这样的表达也算是一种提醒。一个有自知之明的人，肯定会对自己的行为做出正确的评判。

法国作家大仲马说："暴躁是一种虚怯的表现。"不管是家长还是老师，都得学会接纳情绪，管理好自己的情绪，别让情绪成为你的主宰。

从家长的角度来说，管理情绪首先要改变自己的认知。有不少错误认知会让家长失去心理平衡，心理一旦失衡，就会有各种情绪爆发出来。面对问题，家长要从问题本身思考，而不是将责任直接归咎于老师。家长应当先反思一下：孩子的问题，我有责任吗？如果一味指责老师，那势必会造成误解。

从老师的角度来说，老师也是人，人总会有情绪高涨和低落的时候，总需要找个情绪宣泄渠道，释放负面的情绪。但在与家长沟通时，还是要尽量控制自己的情绪，不要将自己的负面情绪发泄到家长身上。

要明白，家长和老师沟通不是为了发泄情绪，而是探讨问题，找出解决问题的途径。如果家长只想着以情绪化手段压倒对方，最终将会硝烟四起，于双方无益。

家长要能准确知道自己有什么样的情绪，这样的情绪到达了何种程度。家长可以试着找到情绪产生的原因，把握情绪，对症下药。要尽力将负面情绪化解在沟通之前，从而确保沟通的顺畅、有效。

贴心提示：管理情绪小窍门

家长有情绪的时候，可以通过深呼吸、静坐冥想、肌肉放松、随意走动等方式舒缓情绪。听音乐也能帮助情绪平静下来。

遇到烦躁不安的情绪，可以通过大哭一场来宣泄，对人倾诉也是一种非常好的方法。

遇到紧张的情绪时，可以用看风景等方式转移注意力，或者干脆闭上眼睛什么都不想。

遇到愤怒的情绪时，可以利用“延迟愤怒法”。如果你想发火，请将发火的时间延迟 3 分钟。

怎么听，老师才会说

孩子上学后，找机会和老师沟通，是每一个家长都要面对的事情。常常有家长抱怨老师很凶，不近人情，孩子一有情况就向家长告状，有些老师甚至语气十分强硬，动不动就说："你们家长怎么教育孩子的？"而一些老师经常一肚子苦水："孩子是你们的，孩子成绩不好，怎么就只责备老师呢？"这真是公说公有理，婆说婆有理。

我认识一个做小学老师的朋友，每当我们聊到学校教育时，他总有说不完的话，总在不停地说现在的孩子如何不好管教，就连家长都不好沟通。我听得出来，他的内心有说不完的苦恼。有一年，他教小学二年级，班上发生了一起很严重的打架事件，一个学生被打得头破血流。事后，家长气势汹汹地跑到学校闹事，没等老师解释，家长就怪罪老师不负责任，还跑到校长室理论。我的那位朋友被吓得一时说不出话来，原本可以坐下来好好交流的事情，就这样被打断了，同时失去了教育孩子的良机。

事情发生了，每个人都会面对如何处理的问题。有些时候，我们总认为问题出在对方身上，倾向于表达自己的正确性。比如刚才所举的这个例子，家长到学校闹事估计基于这样的猜疑：学校管理不行，我的孩子没有安全感，这是老师的责任。

在这种情况下，一些老师会觉得自己的威信受到挑战，人格和尊严不被尊重，也开始在争论中表达自己的观点。比如，有老师可能会说：“你的孩子怎么老惹麻烦？”于是，一场关于谁对谁错的争论开始了。

家长和老师出现争论是因为各自所见所闻所感不同罢了。由于彼此的经历、思维方式、观点、处理问题的方式等方面的差异，他们对事情的理解也各不相同。

处于争论状态的人一般情绪高涨，很难意识到问题所在，只顾着绞尽脑汁地搜寻证据来反驳对方。很多时候，也许你所说的是正确的，而对方错了，但这样的争论往往弊大于利，会阻挡我们探索解决问题的脚步，还会引发新的矛盾。

事实上，一旦出现了问题，首先要弄清楚问题的真相，以及你想以何种方式表达自己的观点。停止喋喋不休的争论，学会倾听是沟通的前提。

倾听也是一种美德，是一个人高素质的体现。唐朝诗人白居易有诗云：“别有幽愁暗恨生，此时无声胜有声。”倾听也是“无声胜有声”这一效果的最好体现。

也许家长们都知道倾听的好处，不过，真正做到耐心倾听的家长恐怕并不多。综合起来说，家长不愿倾听存在多方面原因。

有时候，家长认为自己工作、生活很忙，没时间听老师反映孩子的情况。有些高傲型的家长不愿把老师放在眼里，以自我为中心，认为自己的教育方式是最有效的。

有时候，老师话中带刺，批评指责太多，家长听老师说话感到难受。

有时候，家长喜欢先入为主。有些家长还没等老师说话，自己早已滔滔不绝地开始说了，这会给老师留下不好的印象。如果对方最先提出的观点与倾听者的观点大相径庭，倾听者会产生抵触的情绪，而不愿意继续倾听。

由于这些原因，不少家长在与老师沟通时，往往表现出不愿意配合的态度，把和老师沟通当作一件苦差事。正如有些家长所说，听老师说话是一种折磨，但不听老师的反映，又怕不知道孩子的实际情况，失去教育孩子的机会。所以，很多家长在与老师沟通时，常常处于两难境地。

每一个聪明的家长都应该学会倾听老师的话。我认为，在倾听时应把握这样两点：一是要有正确的倾听态度，二是提高倾听能力。

正确的态度是倾听的前提。家长首先要尊重老师，学会与老师进行平等友好的沟通和交流。即使老师是一个非常不起眼的人，家长也应该尊重老师。家长还要有宽容之心，每个人都会有情绪性的抱怨，这是人的正常权利，家长不能因为老师的抱怨而认为老师素质不高，阻断沟通的渠道。有时候，一些老师的确会狠狠地指责学生家长，把家长说得一文不值。出现这样的情况，家长要大度。俗话说，宰相肚里能撑船。宽容是一种良好的素质，是倾听者所必需的素质。

最后是理解，无论老师脾气如何不好，家长都要理解，换位思考，站在老师的角度思考问题。心理学上有一条重要的沟通黄金法则："像你期望别人对待你的方式那样对待别人。"你以什么样的态度对待别人，别人也会以什么样的态度对待你。假如家长用粗暴的态度对待老师，那老师也会以同样的方式对待你。

当然，倾听是一门艺术，是人与人之间心灵的交流与碰撞；倾听也是一种能力，是高效沟通的法宝，善于倾听的人能够从对方的话语中获得重要信息，减少不必要的误会。我举一个商业上的例子，有一个销售员非常勤快，跑了许多业务，但成功的却很少，他百思不得其解。直到后来，上司找他谈话，当上司一个劲儿地批评他的时候，他按捺不住顶了上司一句："你把我当成什么了？"好在那位上司心胸宽广，没有计较，反而语重心长地告诉他："我知道你很努力，但你的问题就出在这里。我还没把话说完，你就来插话。要知道，这是沟通的大忌啊。"后来，那位销售员似乎一下子大彻大悟，改变了自己的工作方式，成功业务不仅增多，而且受到了客户的好评。

因此，要想与老师有好的沟通，家长同样需要良好的倾听能力。有心理学家认为："积极倾听的人把自己的全部精力——包括具体的知觉、态度、信仰、感情以及直觉——都或多或少地加入倾听的活动中去。消极地听，则仅仅把自己当作一个接受声音的机器，既不加入任何个人的感觉或印象，也不产生什么好奇心。"所以，倾听的第一步是怀着好奇心去了解对方，愿意从对方那里了解问题的真相和解决问题的方法。同时，你在倾听的时候，要不停地发现问题，永远保持好奇心是倾听的不竭动力。

要仔细聆听对方述说，让对方把话说完，不轻易插话。当老师开始讲述孩子的种种不良表现时，家长要认真关注老师讲的话。即便老师把孩子表现不好归罪于家长，家长也要耐心地等待老师把话说完。

戴尔·卡耐基说："做一个好听众，鼓励别人说说他们自己。"必要的时候，家长可以鼓励老师先开口，鼓励老师多说话，这不仅是一种礼貌，而且能缓和沟通氛围，使对方敞开心扉，降低沟通的风险。

家长要及时回应老师的话。无论老师说什么，家长都要有所反应，以表示对老师的尊重。有些家长喜欢听老师反映孩子的情况，就一直默默地听，也没有什么反应和表现，这会使老师觉得家长不配合，沟通变成老师的独角戏，一个人自言自语，索然无味。当老师所说的情况家长有同感时，可以用点头的方式回应，或者简单地说"是""对""这我知道"……这会使老师更加有兴趣说下去。总之，家长要最大限度地让老师知道你在听。

家长在倾听的时候，切勿武断地下结论，要多加思考，明辨是非，发现问题，可以将老师所叙述的话进行概括总结。家长不仅要听，更重要的是要听出老师话中的意思。有些家长在默默地听，结果到头来不知道老师说了些什么，这样的倾听就失去了原有的意义。

如果家长和老师发生摩擦或者意见不合，可以先暂停沟通，等双方都愿意坐下来继续讨论时，再沟通也不迟。

最后，家长要一直心存感激。家长在倾听结束之后，要及时反馈信息，就事论事，不针对老师发脾气。不管老师的话是否带刺，每个家长都应该感激老师向家长反映孩子的情况，因为这是家长了解孩子的重要渠道之一。此外，一个能向家长反映问题的老师，也是一个认真负责的老师。

当然，家长也要反思自己的教育方式。老师对家长发火并不是全无道理，有些问题的确是家长造成的，家长应趁此机会反思自己对孩子的教育方式，多问几个为什么。

所以说，老师不可怕，可怕的是家长没有耐心倾听，常常误解老师的话，结果将事情复杂化。苏格拉底说："自然赋予我们人类一张嘴巴，两只耳朵，也就是让我们多听少说。"因此，家长在和老师沟通的时候，倾听是必不可少的，倾听是一切沟通的开始。

贴心提示：怎样战胜沟通时的自卑心理

家长怕和老师沟通，大都是因为内心自卑。如果能战胜这种自卑心理，那沟通将会是非常顺畅的。其实，战胜自卑心理并不难。

每个家长都应该为自己的孩子感到骄傲。只要是孩子，都有犯错的时候，家长不必为孩子的学习差和行为不好而耿耿于怀。即使孩子犯了天大的错误，家长也应在教育孩子上充满信心。

家长需要换位思考，理解老师。家长可以站在老师的角度看问题，假如你是老师，你会怎么看待孩子和家长？其实，人与人之间的情感都是相通的，大部分老师都是喜欢沟通的。

家长可以用自己最擅长的沟通方式和老师交流。比如，有的人比较外向，擅长面对面的交流。有的人比较内向，可以采用书信、微信、QQ 等方式交流。记住，家长和老师沟通不一定拘泥于某一种方式。

家长应该多参加学校活动。现在许多学校都有一些需要家长一起来参与的活动，家长可以借此机会，走进学校，走近老师，多与老师沟通。

别向孩子隐瞒沟通内容

好的教育是一种信任教育，能够使亲子关系更加融洽。如果父母瞒着孩子做事，对已具有独立思考能力的孩子来说，这是一种不信任，会给亲子关系蒙上一层不信任的色彩。

家长和老师之间的沟通，孩子有没有知情权呢？我曾就这个问题做过一番调查，其结果是大多数家长不喜欢让孩子知道他们和老师的沟通内容。

许多家长和老师沟通之后，临走时总会说："老师，别跟孩子说我找过你。""千万别跟孩子说，是我说的。""老师，我说的话，你不能让孩子知道。"一听这语气，好像家长和老师之间的沟通是一件偷偷摸摸的事情。

有一天晚上，有位家长过来找我，跟我聊起她孩子的学习情况。在整个谈话过程中，她每说完一件事情，总要说一句："你可别跟我孩子讲啊。"弄得我很不好意思。其实，她跟我说的事情并不是什么家庭隐私。她只是说孩子在家很会吵闹，不喜欢学习，一回家不是看电视，就是上网，很少在家认真写作业。最让家长发愁的是孩子的学习成绩越来越不好，而且还迷上了电脑游戏。一天不让孩子碰电脑，孩子就会和她赌气。

其实，这些都不是什么秘密，都是生活常态，即便让孩子知道了，又能怎么样呢？于是，我非常纳闷地问她："我们有必要这样瞒着孩子吗？"

那位家长瞪了我一眼，说道："你哪里知道事实啊！我以前跟老师聊天的时候，把孩子的事情告诉了老师，要求老师帮我管教孩子。那老师心地善良，还特地找孩子谈话，把我说的话跟孩子讲了。孩子一回家，就跟我闹翻了，还质问我为什么背着他找老师。"

有个朋友在初中当班主任，开学初的时候，他把自己的电话号码告诉了全班学生，并要求学生转告家长，平时有空多联系。可是，开学整整一个月，只有两个学生家长打电话过来，一位家长是咨询孩子在学校的表现，另一位则是询问孩子的学习情况，其他学生家长一直没有跟他联系。后来，朋友对这件事情进行了一番调查，原来，多数学生并没把班主任的电话告诉家长，是怕老师和家长互相打小报告，不希望自己像犯人似的被监视。

我接触过一个小学四年级的孩子，很喜欢阅读，但性格有点乖戾。有一次，她来我这里玩，我跟她聊一些生活上的事情。这孩子比较信任我，跟我说她妈妈的事情，她开头第一句就说："我妈很恶心的，经常向老师打小报告。"我问她为什么这么说，她告诉我："我在学校里上学，老师总知道我在家里怎么怎么样。有一次，我在家玩的时候，和邻居家一个孩子吵起架来，后来老师也知道了。你说，这不是我妈告的密，还会是谁呢？还有，她经常把我在家里的情况告诉老师，你说恶心不？"

听了她的话，我感到有许多问题需要反思。孩子是一个独立的个体，他们有自己的想法和尊严，同样需要大人的尊重。如果父母背地里和老师沟通，就会让孩子觉得父母不尊重自己，有损父母在孩子心目中的形象。

父母关心孩子在学校的情况，同时把孩子在家里的表现反映给老师，这本来是一件好事，但有些父母一旦重视起来，就会更加严格地管教孩子，没有把孩子的感受放在心上。所以，家长在和老师沟通时，要充分尊重和信任孩子，不要伤害了孩子的自尊心，应该多与孩子交流，取得孩子的支持。

平时，父母要和孩子平等相处。我们常常会发现这样一种情况，民主、平等、开放的家庭，父母和孩子相处得比较好，孩子对父母的信任度相对比较高，很多这样家庭的孩子愿意主动和父母沟通，也会把自己遇到的烦恼向父母倾诉。这种家庭的孩子会理解父母，心平气和地接受父母和老师之间的沟通。

家长和老师沟通前，要先征得孩子的同意。一般来说，父母要事先告诉孩子为什么要找老师，找老师谈什么问题。如果是老师事先要求家长去学校，那就更要向孩子说明情况。如果孩子不喜欢父母去找老师，那父母要静下心来和孩子交流，了解孩子的真实想法，弄清楚孩子不让自己找老师的原因：是怕同学说闲话？还是怕父母向老师告状？抑或是怕老师向父母告状？父母应想办法消除孩子的顾虑。如果孩子认为没有必要，要让他说明理由，然后再和他商量，如果商量得宜，问题也能得到解决，那就“多一事不如少一事”，不是更好吗？

父母在征得孩子的同意之后，还要说明何时去找老师。即使是电话联系，父母也要说明什么时候打电话给老师。这样做的目的是取得孩子的信任，使孩子心里也有个底。如果孩子说，今天不能找老师，那就要和孩子重新商量时间了。很多时候，父母要尊重孩子的选择。

家长和老师沟通之后，应该把情况告诉孩子。比如这样对孩子说：“我今天到学校去了，见到了老师，老师向我反映了你在学校的情况，我也把你在家里的表现反映给了老师。”然后，家长应该把和老师谈话的具体内容告诉孩子，而不能隐瞒，那样只会让双方相互猜疑。如果有些沟通内容家长不便告诉孩子，要予以妥善处理。比如，有的孩子自信心不足，家长希望老师多予以鼓励，这时候可以悄悄和老师沟通，让老师多注意孩子的优点，及时予以表扬。但一定要跟老师沟通好，不露痕迹地让孩子感受到真正的鼓励，否则一旦让孩子感觉到虚假，对孩子伤害会更大。当然，对那些平时缺乏自信的孩子，父母可以借此机会鼓励孩子，比如，说孩子对老师的崇拜和信任，说老师对孩子的赞扬和期待。这招挺有效，特别是孩子和老师之间有点隔阂的时候，用这样的方法比较容易化解双方的误会或矛盾。

家长、孩子和老师是一个共同体，三者相互影响，要做好协调工作。家长和老师沟通为的是孩子的健康成长，但需要增加透明度，让孩子更加信任大人。假如家长常常背着孩子去和老师沟通，事后又不把情况告诉孩子，那只会使孩子产生猜疑心理。因此，请家长别瞒着孩子跟老师沟通。

贴心提示：孩子不信任家长怎么办

有些父母说："我都已经把和老师沟通的内容告诉孩子了，可孩子还是将信将疑地看着我，还说要去看看老师的反应。"如果家长遇到这样的情况，不妨先思考一下：孩子为什么不信任自己？我们知道，孩子不信任父母是有原因的，如父母对孩子说过假话，对孩子做过不诚实的行为，孩子会把这些事情记在心里。

父母在和孩子交流时，尤其要表现出真诚，看着孩子说话，用眼神和孩子交流，不可急着说"信不信由你"，这是一种敷衍了事的做法。

如果孩子依然不信任父母，那父母可以针对和老师谈话的内容，让老师多关注一下孩子，使孩子相信父母没说假话。

当然，和孩子建立信任关系是一个长期的过程，最需要父母做到言行一致。

细节决定成败

家长与老师之间是一种双向沟通，好的沟通能拉近彼此的距离，对解决问题起到促进作用。如果家长深谙说话之道，会让老师欣然接受这些愉快的沟通。

别错过恰当的沟通时间

家长应在恰当的时间和老师沟通，其目的是将孩子的问题及时解决，同时收到事半功倍的效果。

我接触过一些父母，聊到和老师沟通时，他们最关心的是在什么时候找老师沟通比较合适。对于这个问题，我请教过不少人，总结出几个比较重要的时机：

家长会。开家长会的时候，大多数父母会到学校见老师，老师会把孩子的情况介绍给家长。特别是班级组织的小型家长会，家长和老师沟通的机会相对多一点，是家长了解孩子在校情况的好机会。

孩子在家情绪不好。孩子在学校受了委屈会在家表现出来，家长可以根据孩子的情绪变化和老师沟通。

老师打电话找家长。这种情况大都是孩子在学校出了事情，比如，孩子在学校捣乱、欺负同学、做作业不认真、成绩退步等。家长可以利用这个机会和老师谈谈教育孩子的方法，可能会使双方都受到启发。

学校开学。这时，大都是家长带着孩子去学校，能直接见到老师。家长可以了解一下班级的新环境；可以向老师咨询一下孩子将学哪些课程、技能，要达到什么教学目标；并把孩子假期在家的表现告诉老师，把孩子的问题反映给老师，也可以根据孩子的具体情况给老师提一些要求。如果家长对老师处理某件事的方式不太满意，可以提建议，但不要命令老师怎么做。

节假日。这时进行沟通往往是因为孩子所出现的问题相当复杂和严重，需要长时间沟通。如果孩子在学校犯了错误屡教不改，或是出现大的情绪问题，连家长都无法处理，那就需要家长和老师长时间沟通探讨，分析其中的原因，并最终找到解决问题的方法。

对于低年级的孩子，一般都是父母早晚接送，家长可以利用这个时机和老师交流一下孩子在校在家的情况。此外，孩子当天感冒了，需要老师关注一下；孩子身体受伤了，需要老师帮忙照顾；孩子吃药，需要老师提醒……这些事情，都可以向老师说明，让老师心里有数。当然，这时父母要看老师是否正在开会或有紧急的事要处理，如果是就不要打扰。而且这个时间不适宜作长时间的交谈，因为老师要顾及其他孩子和父母。

交流次数

一般情况下，家长最好能一个月左右与老师交流一次，如果是优秀学生的家长，或毕业班学生的家长，每个月交流 1~2 次；非毕业班学生的家长，每学期 2~3 次较为适宜；孩子有些小毛病的家长可以一周一次。尽量长话短说，不要啰唆，谈谈孩子情况，发表双方的看法，一起决定下一步采取的措施就行了。因为老师在学校工作也很辛苦，回家也有家务。当然，一般情况下，老师为了多了解一些孩子的情况，以便因材施教，即使父母耽搁他的休息时间，他也是很乐意的。

电话交流次数则根据突发情况而定。如孩子生病请假，孩子小测验成绩下降等，应及时和老师取得联系。

语言幽默，缓解沟通气氛

有些霸道的父母，孩子在学校出现了问题，被老师批评了，他们就受不了这种打击，常常气愤地跑去找老师；有些不善于表达的父母，老师问一句答一句，不问就无话可说，这种情况使家长和老师都感到很累。所以，家长和老师沟通时，双方都有必要使自己的语言幽默点，避免出现相对无言的尴尬局面。

不妄下结论

很多时候，当老师将孩子的缺点和不好的表现告诉家长时，有些家长便以为孩子出大问题了。假如孩子正处于升学复习阶段，当老师说孩子没希望升学时，有些家长更是着急，总以为孩子没前途了。其实，家长妄下结论对教育孩子并没有多大好处，要先听听老师怎么说，然后积极努力地配合老师教育孩子。

沟通说简单也简单，说复杂也复杂，就看家长在和老师沟通时，会不会使用一些技巧。

贴心提示：沟通注意事项

- 如和老师面谈，应提前预约，防止到校后老师有事外出。沟通的主要内容家长应提前做好准备，避免到时啰唆半天，也说不出关键点。
- 不要选老师午休时间，如果是在工作时间打电话或面谈，先问问老师方不方便，这是一种最基本的尊重。
- 有的家长晚上十点多了或周末，为了点芝麻大的事给老师发短信或打电话。有的家长经常往老师办公室跑，谈了一个小时还不走，甚至到课堂上找老师。这些做法会影响老师的工作和生活，也会引起老师的反感。

- 如果要和班主任老师沟通而老师暂时没有时间，可以先到其他科目的老师那里进行交流。在合适的时间再把孩子叫来，一同对孩子做出鼓励与要求，这样更有效果。

第五章　遇到棘手的问题，如何向老师倾诉

教育是永恒的话题，教育孩子如同园丁培育鲜花，需要精心浇灌、施肥和呵护。在这个过程中，每个家长都可能遇到非常棘手的教育难题，这就需要父母向老师或他人请教，学习教育孩子的经验和艺术。

孩子只听老师的话怎么办

有一天晚上，琳琳妈跟我聊起孩子上幼儿园之后的故事。我听后，捧腹大笑，总觉得琳琳太有意思了。

琳琳进入幼儿园大班之后，比以前更懂事了，学会了刷牙、穿衣服，还很听老师的话，常把老师的话挂在嘴边，动不动就说："老师说……"

一天晚上睡觉前，琳琳好奇地问妈妈："妈妈，我是怎么来到世界上的？"她妈妈不假思索地说："你呀，是从树上掉下来的，我和你爸爸就把你捡了回来。"琳琳很不满意地说："妈，不是这样的，老师说，我是从你肚子里钻出来的。"

生活中，很多家长都避讳谈这个问题，常把孩子的出生放在一个美丽的故事里，要么是天下掉下来的，要么是在从山里捡回来的，要么是天上神仙送来的……很少有家长直接告诉孩子他们是怎么出生的。家长这样做是因为不想让孩子过早地接触性知识。但老师在讲课过程中，很可能运用科学知识解释了人是怎么来到世界上的，所以就有了像琳琳这样的疑问。

琳琳的话让父母一时不知道说什么好，只好陪着孩子笑。但琳琳却一直闹着让父母给出解释，这又一次让她父母为难了。最后，琳琳的父母想到用鸡蛋做比喻，说是妈妈肚子里有一个像鸡蛋一样的东西，宝宝躺在鸡蛋壳里吸取母亲的养料，一天一天地长大，等到宝宝有足够的力量冲破蛋壳时，才从肚子里游出来。宝宝出生时哭声惊天动地，宣告他来到了这个世上。那天，一家人闹到很晚，琳琳才安心地睡着。

没过几天，琳琳又有了新问题。一天放学后，琳琳一回家就看起动画片来，到吃饭的时候，她还要继续看。妈妈就对她说："不吃饭就不能看电视。"哪知道孩子还一本正经地说："老师说，做事情要有始有终，等我看完这集动画片。"琳琳妈因为要去上夜班，没时间陪孩子吃饭，气得一把关掉电视，结果琳琳大叫起来："老师说，大人要尊重孩子，不能干涉小孩子的自由。"

琳琳妈生气地看着孩子，嘟囔道："又是老师说，老师是你什么人啊！"母女俩一直争执着，琳琳偏要拿出老师的话来反驳妈妈，最后直到琳琳爸爸回家后才慢慢安静下来。

这些倒还是小事情，琳琳连在吃饭的时候，也把老师的理论搬上了餐桌。一个周末的早上，琳琳妈给孩子买来了蛋糕、油条、咸鸭蛋、豆浆、包子等，还煮了稀饭。没想到，琳琳看了看桌子上的早餐，摇了摇头说："妈，你怎么又买油条、咸鸭蛋，老师说这些东西有致癌物质，人吃了会生病的。还有豆浆，老师说现在的大豆都是转基因的，人不能吃。"

琳琳妈一听孩子的话，立刻觉得毛骨悚然，因为孩子像个专家一样讲得头头是道。一顿好好的早餐，无论琳琳妈怎么解释，孩子都只喝了点稀饭，吃了一点儿蛋糕。琳琳妈非常无奈地看着孩子，她想不出什么好的办法可以改变一下孩子的思想。

在生活中，孩子是父母最亲密的人，可现在的孩子与父母却产生了隔阂。琳琳不听父母的话，只听老师的话，这让她的父母感到不安和苦恼。

还有一个家长，也跟我聊起孩子上学后的变化。她的孩子是个男孩子，性格内向。她说孩子上学之后，在学校里进步不小，比如，每天晚上准时睡觉，早上按时起床，养成了刷牙的习惯，还能自己洗脸。但问题是，孩子最听老师的话了，老师的话就如圣旨一样管用。有一次，老师当着全班学生的面说不能浪费粮食，于是孩子会吃完碗里的每一粒米饭，即使吃撑了，也要坚持吃完。上课的时候，老师禁止学生上厕所，也不让学生随便说话，结果孩子在教室里尿裤子……后来，这事被他妈妈知道了，她很是担心。

很多家长都有这样的经历，孩子稍微大一点，巴不得早点把孩子送进幼儿园。眼看着孩子一天天适应了学习环境，新的问题又接踵而来：孩子非常听老师的话，还把老师的行为当作了模仿对象，却把家长的话当成了耳边风，动不动就会拿老师的话反驳家长，这让家长非常苦恼和难堪。

我们必须看到，孩子能听老师的话是好事情，但只听老师的话而不听家长的话，那就不好了。我们也必须认识到，孩子过分信任老师是由多方面因素造成的。一些孩子百分之百地信任老师，可见老师言行的权威性。孩子进入学校学习后，面对的是有别于家长的新教育者，老师丰富的学识会赢得孩子的信任，而老师对孩子“严而不厉，爱而不溺”的教育方式，会赢得孩子的尊重。此外，老师说的话容易让孩子接受，更容易亲近孩子。所以，孩子觉得老师值得尊敬，一种发自内心的尊敬和崇拜，让他们愿意听老师的话。

孩子不听家长的话，甚至与家长吵架，这些都是因为家长在孩子面前缺乏威信。很多父母在教育孩子时，没有找对方式，比如，有的父母溺爱孩子，使孩子变得任性、以自我为中心；有的家长常用严厉的态度对待孩子，动不动就大发雷霆；有的家长在教育孩子时，情绪多变，常常将自己的情绪发泄在孩子身上。所以，孩子一进学校之后，感受到老师的亲切，自然愿意听老师的话。

另外，这也跟孩子的年龄特点有关。心理学家认为，孩子的第一个“心理反抗期”出现在2~5岁。这时候的孩子，性格上比较执拗，开始不听家长的话，喜欢听老师的话。事实上，孩子喜欢听老师的话，原因就在于孩子对老师有新鲜感，在他们的心目中，老师什么都懂。应当说，这是一种正常的现象，也是一种非常好的学习的开始。

假如孩子只听老师的话，就很容易造成家长的心理不平衡。家长首先要认识到孩子信任老师是正常的现象。家长可以借此机会，反思自己的教育方式，看看自己为什么得不到孩子的信任。比如，家长平常是否对孩子过于溺爱或放纵，使孩子养成了娇生惯养的性格，使亲子之间产生了隔膜？在孩子对家长表现出执拗和反抗时，家长有没有盲目采取粗暴强制的态度？

家长要善于引导孩子。家长不要否定老师在孩子心目中的影响，对老师说过的话，家长可以借过来教育孩子。比如，孩子在家很吵闹，家长说他也不听，可以借此机会这样说："老师说过要做一个文静的人。"再比如，孩子不愿意洗脸刷牙，无论家长怎么劝说都没用。在这时，家长可以这样说："老师说你是一个听话的孩子，你忘了吗？"孩子听了这样的话后，很可能就会马上行动起来。当然，家长在运用这种方法时，态度要温和，不可用老师的话来恐吓孩子。家长也不能机械地重复老师的话，否则次数多了，很可能会引起孩子的反感情绪。

家长要经常和老师沟通。家长应了解老师的教育方式，时刻与老师的教育方式保持一致，适时调整自己的教育方式，使孩子在学校好的表现也能够在家里得到延续。家长可以利用接送孩子上下学的时间和老师谈谈孩子的情况，但不能和老师泛泛而谈，要多问一些细节，如孩子的学习、饮食、活动、休息、与同学相处等情况。

当家长不认同老师的教育方式时，可以保留自己的教育方式，但不要和老师发生冲突，因为这对教育孩子不利。家长和老师在教育孩子的问题上存在分歧在所难免，关键是家长和老师都有共同的目标：教育好孩子，一切以教育好孩子为己任。

贴心提示：别让老师的坏行为在孩子心中生根发芽

当孩子过于信任老师，把老师的话当圣旨，把老师当作偶像时，家长要关注一下孩子的行为。实际上，孩子在信任老师的时候，不仅认同老师的观念，也会模仿老师的行为。假如孩子遇到的是一个不诚实或行为不端正的老师，老师的一些坏行为就极有可能污染孩子纯洁的心灵。比如，老师的穿着暴露，可能会影响孩子上课。遇到这种情况，家长的第一要务就是和孩子一起探讨老师的行为，帮助孩子认清是非、美丑和善恶，告诉孩子人无完人，每个人都有缺点，都会犯错，即使老师也不是一个完美的人，作为学生应该比老师做得更加出色，追求真善美，要做一个品行高尚的人，这样才会受到他人的尊重。

孩子被欺负，家长怎么办

孩子被同学欺负了，家长当然会很心疼，肯定要管，而且要适当教育孩子。但是，有些家长往往因为经受不起这种突如其来的打击，常常会有一些过激的反应或错误做法。

有的家长见到孩子就说："你怎么这样没用，连自己都管不住，还被人打了！"

有的家长会煽风点火地说："就知道哭，他打你，你怎么不打他呀？笨蛋！"

有的家长甚至对孩子说："假如别人再欺负你，你不还手，回来我也打你！"

还有家长说："他打你，你怎么不跟老师说？"

有的家长则认为孩子间打闹都是正常的，不必大惊小怪，于是一味忍让，无视孩子的感受。

前几年，我因为涉足家庭教育，接受过一些家长的咨询，有一个家长曾给我留下了一张小纸条，纸条上简单地写道："我是一个无助的孩子家长，我的儿子生来就胆小，不爱说话，上五年级之后，孩子班级换了老师。前不久，孩子被班级里的几个调皮孩子欺负了，还被当众脱了裤子。听老师说，班上的调皮孩子很爱打架，看谁不顺眼就打谁，无法无天，老师也拿他们没办法，还让我家孩子不要和他们计较。我真不知道该怎样教育孩子，是让孩子忍受还是以牙还牙？是直接找对方家长还是听老师的不和他们计较？”

我看了这张纸条之后，心里有说不出的难受。我真替那个受欺负的孩子捏一把汗，他作为弱者受到那么多不公正待遇，不仅令人同情，而且令人反思。而那些欺负他的“小霸王”则令人气愤，真不知道他们有没有受过家庭教育，连最基本的与人相处的原则都不懂。

还有一个家长跟我说过这样一件事情，她女儿刚上小学，由于生性柔弱内向，即使受到委屈也只会往心里咽。所以，班里一些好动的同学经常欺负她，有时是抢了她的作业本，有时是拿了她的文具，有时还有同学把她围住，弄得她很晚才回家。可是，她女儿从不敢将自己的遭遇告诉老师，只是有时候回到家向父母哭诉。为了女儿，她多次找老师沟通，可情况并没有改观，女儿依然被同学欺负，她为此非常苦恼，真不知道怎样才能使女儿不再受欺负。

需要说明的是，小孩子吵架打闹是成长中经常发生的事情。很多孩子刚刚吵完架，一眨眼的工夫，他们又和好如初了。孩子的脸，就像六月里的天，说变就变。其实，有很多时候，是我们大人太小心眼了。遇到孩子被同学欺负，家长便坐立不安，非要查个究竟。

近年来，国内校园暴力事件时有发生，相继出现了“学霸”“班霸”和“网霸”。“网霸”的出现，说明校园暴力事件出现了新的阵地，虚拟网络世界成为一些孩子欺凌同伴的场所。这些孩子通过电脑、手机等工具攻击或骚扰同伴。有些孩子模仿电视、电影的暴力镜头，用暴力手段欺负同伴。

孩子被同学欺负常有以下几种情形：肢体上的欺负；语言上的欺负，如嘲讽、辱骂、歧视等，这种情形一般发生在动手之前；漠视、孤立等。很多时候，这三种情形都同时出现。

孩子容易被同学欺负是有原因的。身体素质差、比较弱小的孩子容易受同伴欺负。小孩子之间的摩擦，基本上是体力上的竞争，这种竞争其实就是人类乃至动物最原始的竞争。体力差的孩子在竞争中处于劣势，就容易被欺负。如果孩子过于腼腆内向，就容易给人一种怯弱的感觉，这种性格特点使孩子在处理问题时缺乏自信，导致他不能表达自己的想法，也容易受欺负。有些父母把孩子当作宝贝，处处保护孩子，不让孩子独立做些力所能及的事情。这样一来，孩子缺乏必要的自我保护意识，一旦有同学欺负他，就不知道怎样保护自己了。有些孩子特别乖巧，这类孩子也很容易吃亏。我们不是说乖巧的孩子不好，而是说孩子太乖巧了，容易形成逆来顺受的性格，容易被人欺负。

孩子被同学欺负后，父母感到紧张是相当正常的，但切勿有过激的反应。这时，孩子最需要父母的安慰和疏导。

孩子在外面受了委屈，一般不会直接告诉父母，因为怕被父母批评，但孩子会把这种不满情绪显露出来，如沉默寡言、脸上有泪痕、情绪低落等。有时候，好端端地连饭菜都吃下不去，这些反应都表明孩子有心事。

细心的父母发现后，不可马上质问孩子发生了什么，那样会使孩子紧张，更不愿意将事情的真相告诉父母。不管孩子受伤害的程度如何，父母都应先调整好自己的情绪，让孩子感到家里的舒适安全后，再温柔地询问他，使他说出自己的心里话。父母询问时不可直奔主题，可以先问今天遇到了什么有趣的事情、晚饭想吃什么、睡前想听什么故事等，然后再切入主题。这样，孩子觉得父母是支持他的，便愿意说出事情真相。若是孩子错了，父母应适当批评他，指出他被欺负的原因；若是别人的错，父母应先安慰他，不可嘲笑或打击孩子，那样会使孩子感到无地自容。此外，父母最好不要借此打击事件的另一方当事人，那样会使自己孩子产生仇恨心理。

如果孩子遇到“网霸”攻击，家长应联合老师一起解决问题，依据事实说话，对欺凌同伴的孩子进行教育，矫正其不良行为。学校可以通过各种途径，疏导孩子的不良情绪。

父母教育孩子时要讲究方法。每个孩子都需要有自我保护的能力，而这种能力需要父母的教育和提醒。当孩子面对同学的欺负时，有一种比较好的方法就是大声呼喊。这样做的好处是，既能引起旁人的注意，又能向对方发出警告。假如孩子持续大声呼喊，对方也会感到心虚和害怕。

父母要鼓励孩子自己处理问题。如果父母想让孩子长大，就应该给他独立解决问题的机会。当孩子之间有了矛盾时，父母最好以旁观者的身份倾听孩子的陈述，可以这样询问孩子："你觉得自己错在什么地方？""你想怎样处理？"如果孩子在气头上，一定要"以牙还牙"，那父母当然要帮助孩子认识到这种硬性处理方式的不妥。学校也可以通过活动，教育孩子如何处理愤怒情绪和拒绝暴力。

最重要的是，要教育孩子与同学和睦相处。孩子被欺负，一个重要原因就是人际交往能力差。所以，父母应当从小培养孩子如何与同龄人和睦相处，告诉孩子与人相处的原则和方法，如怎样待人接物、怎样称呼对方、怎样有礼貌地说话等。

假如孩子被欺负的情况的确比较严重，而且多次被人欺负，那家长应该以平和的态度找老师沟通一下，具体了解其中的原因，有针对性地解决问题，而不是一味指责，那样只会让事情变得更糟。

任何暴力事件都离不开道德教育和法制教育的引导。家长和老师可以用讲故事、案例分析等形式帮助孩子树立良好的个人品德，尊重和怜悯生命。现在很多学校都开设了专门的法制教育课程，邀请法律人士组织学生学习《预防未成年人犯罪法》《未成年人保护法》等法律知识，这对增强未成年人的法制意识具有一定的效果。

诚然，孩子间相互欺负是常有的事情，家长和老师不必大惊小怪，关键在于正确引导孩子，帮助孩子正确看待这种事件。只有让孩子能够意识到自己被欺负的原因，改掉自己身上的毛病，增强与人交往的能力，才能使孩子不受人欺负。

贴心提示：孩子打架了，怎样和同学和好

孩子与同学打架了，家长先不用着急，先让孩子反思自己的行为，分析对与错。如果孩子比较任性和倔强，认识不到自己的错误，那家长就应该帮助孩子分析，理清是非。这是孩子和同学和好的基础。

等孩子认识到自己的错误，并且情绪稳定下来之后，家长要找机会让孩子和同学见面，让双方面对面交谈，分析各自的错误，最好让他们自己处理，该认错的认错，该道歉的道歉。

孩子和同学和好之后，家长可以鼓励孩子一起玩耍，这是消除孩子间隔阂的最好方法。

孩子在家里和在学校判若两人怎么办

每一个孩子都接受着来自学校、家庭和社会三方面的教育，而学校和家庭教育则占主要部分。

几年来，有不少家长这样对我说："老师，你替我多说说孩子吧！我们做父母的说他，他总是不耐烦。我们好心想劝他读点书，他说老师没布置，你就帮我多管管孩子吧！"

"孩子在家很不听话，还跟我闹脾气，你抽空帮我说说他。"

"我家孩子一放学回家就知道玩，很少看到他写作业。我们说他，他反而说我们管得太严，还跟我们赌气。"

"孩子在家很乖，可不知道为什么一到学校就不认真学习了。"

"我家孩子从不跟坏孩子玩的，上学之后，孩子偏偏爱上了网络游戏，还顶撞老师。"

"孩子在家很老实的，怎么会那么不听老师的话呢？"

……

每当家长和我聊起这些事情，我总在想：孩子为什么在学校和在家里判若两人呢？这个问题的根源是什么呢？

我还记得有一个叫毛毛的孩子，刚 10 岁，正在读小学四年级。在老师眼里，毛毛是一个活泼、可爱、听话的孩子，毛毛上课很认真，从不开小差，平时从不和同学吵架，是老师眼中的好学生。

可是，毛毛一回到家就好像完全变了一个人似的。他将书包一甩，就坐在沙发上看电视。吃饭的时候，毛毛还让父母把饭送到电视机前，自己一边看电视一边吃饭。每次都是父母催促毛毛写作业，可毛毛却不听话，还振振有词地说："你又不是老师，你管得着吗？"无论父母怎么给毛毛讲道理，毛毛都我行我素。等玩够了，才去写一会儿作业。

很多家长可能都遇到过类似的问题。孩子在家很顽皮，不管谁说都没用，可一进学校，就成了乖孩子。

有一个网友曾给我来信说："我的孩子 6 岁了，性格比较外向，在家很活泼，有说有笑，喜欢和同伴玩耍，可老师常说孩子过于内向，还说孩子的胆子越来越小了。我怕长期下去，会影响他的性格。"看得出来，这位家长非常焦急。

孩子在学校和在家里表现不一样，的确让父母苦恼，但这是相当普遍的现象，父母不必为孩子的"两面性"大惊小怪。

其实，孩子在学校和在家表现不可能完全一致，因为对上了学的孩子来说，每天往返于学校与家庭之间，这两种环境给他带来的心理感受完全不同。就拿我们成人来说，在单位和在家还不一样呢。所以，不必把这种现象看得特别严重。

对此，还是要听听孩子本人的想法。我特地找了各类学校的孩子了解情况，大多数孩子认为这是一种虚伪、不诚实的表现。可是，那些在家里和在学校表现差异很大的孩子也有自己的说法：

"在家里总觉得很烦闷，看到父母就不想说话。"

"老师比父母要亲切多了，至少老师还理解我。"

"父母不要天天唠叨就好了，每天都在我面前说来说去。"

"在学校最怕老师批评，老师一批评，我就感觉很压抑。"

"父母很凶的，我不想在他们面前表现出真实的一面。"

"我这样做也是逼不得已的，谁叫父母和老师是两种不同类型的人呢？"

……

孩子的行为往往是受环境影响的。这一点，从孩子们的话里得到了印证。孩子所处的环境不同，相应的表现就很容易不一致。有一个孩子告诉我，他的父母都很凶，每天唠叨不停，一旦他在学校里表现不好，父母就会骂他，有时还会打他。所以，他在家里的时候，总想着与父母对抗，只要是父母要求他做的事情，他一概不做。可到了学校之后，老师不像父母那样严厉，这让他有一种亲切感，在学校感到自由和舒坦，因而特别愿意听老师的话。

大家都清楚，家庭教育和学校教育的性质和目标都不尽相同，两者不可能完全一致。不同的教育造就不同的孩子，也会使孩子出现不同的表现。

先说家长和老师的教育方式。很多时候，问题其实出在父母身上。父母的教育方法不当，或者对孩子过于溺爱、放纵，不仅使孩子在学校培养的良好习惯无法巩固，还会使孩子滋生表面一套、背后一套的不良品质。

隔代教育也会对孩子的表现产生一定的影响。有些工作繁忙的父母，将孩子放在爷爷奶奶身边，对孩子在校的学习生活非常放心，认为在学校老师就会负责一切，因此很少注意孩子的表现如何，哪怕有些家长过问，爷爷奶奶也只是简单地说声“乖或不乖”便作罢，而孩子当然不会主动把自己的不良表现汇报给家长，往往是报喜不报忧。其实，家庭成员应经常在一起商量有关孩子的教育内容、方式和方法。

另外，父母的素质、教育行为影响着孩子的发展。有的父母要求孩子不要说谎，而自己却在孩子面前说谎；有的父母要求孩子晚上 9 点睡觉，自己却看电视看到很晚；有的父母要求孩子不要挑食，而自己却在孩子面前挑食……类似这样的现象很多。父母要求孩子做到，自己却做不到。父母的威信一旦失去，很多孩子就不愿意接受父母苦口婆心的劝说，而更愿意听老师的话，从而使孩子成了“两面派”。

有些孩子在家很乖，在学校却表现得很疯狂，常常闹事，这又是什么原因造成的呢？其实，道理是一样的，是老师的威信远不及家长或是孩子不认同老师的教育方式。

除此以外，可能还跟孩子的年龄有关。孩子作为弱者，在面对父母或老师的管教时，会有一种本能的自卫心理。心理学家认为，人为了使他人对自己产生良好印象，常常把自己隐藏起来，这是人适应社会生活的一种方式。

当孩子出现这种情况后，父母该怎么办呢？

建议从培养孩子良好的规则意识和遵守规则的能力做起。要让孩子懂得什么时候是自由的，可以尽情地放松、自由地玩耍；什么时候需要克制自己、遵守规则。一定要给孩子自由的空间，同时又要让他懂得遵守规则，二者缺一不可。

奥巴马夫妇共育有两个女儿，为了让两个孩子更加健康地成长，夫妇俩制定了几条虽然简单但观念性很强的家规。

1. 不能有无理的抱怨、争吵或者惹人讨厌的取笑。

2. 一定要铺床，不能只是看上去整洁而已。

3. 自己的事情自己做，如自己冲麦片或倒牛奶，自己叠被子，自己设置闹钟，自己起床并穿衣服。

4. 保持玩具房的干净。

5. 帮父母分担家务，每周 1 美元。

6. 每逢生日或圣诞节，没有豪华的礼物和华丽的聚会。

7. 每晚 8 点 30 分准时熄灯。

8. 安排充实的课余生活：玛莉亚跳舞、排戏、弹钢琴、打网球、玩橄榄球；萨莎练体操、弹钢琴、打网球、跳踢踏舞。

9. 不准追星。

这九条规定非常简单而具体，一就是一，二就是二，即使是五六岁的孩子也能看懂和领会。这几条家规的重点在于培养孩子成为一个有教养、有自理能力、有理财观念、勤俭节约、有良好作息习惯、多才多艺的人。相信这也是很多家长的共同愿望。

孩子上学后，父母的第一要务是和老师谈谈孩子在家的表现，同时积极了解孩子的学习情况，以及孩子在学校的思想、言行和人际关系等。如果老师发现孩子在学校有不同于家里的表现，也会把情况反映给家长，这对家长教育孩子无疑有很好的帮助作用。

父母平时要通过“家校联系卡”“家校联系本”“亲子乐短信平台”等加强与老师的联系，对孩子的点滴进步要及时鼓励与肯定。

教育方式上要注意宽严相济。每个家长都希望把全部的爱倾注在孩子身上，给孩子创造良好的生活环境，但过于宽松的环境也不利于孩子的成长。孩子有了错误，父母不可置之不管，该批评的批评，该惩罚的惩罚。

当然，还要多了解孩子，给予孩子理解和支持。孩子在学习、人际交往等方面受到了委屈，如果家长不了解原因，就将错误归在孩子身上，孩子就会觉得家长不理解自己，从而将自己的心灵封闭起来。

一个孩子家校表现不一致，是孩子内心不自信的表现，这种不自信也有一部分是来自家长对孩子的不信任。所以，父母在教育孩子时，最需要的是以身作则，做到言行一致，为孩子树立良好的榜样。

在此，我们还是要强调一个原则，那就是家长和老师在教育孩子时，要尽可能地齐头并进，协助孩子行正走直、一路坦荡，使家庭教育和学校教育相得益彰。

贴心提示：如何制定家规

不管是在学校，还是在其他场合，每个人都需要遵守一定的规则。家长要培养孩子的规则意识，逐步使孩子学会自我约束，可以先从制定家规着手，着重注意以下方面。

- 家规的制定必须合理清楚，让孩子能明白，也有能力做到。
- 家长必须态度一致，并且要划出专门的时间，监督家规的落实。
- 可以根据家规制定合理的奖惩制度。

孩子抄作业，家长别紧张

一提起孩子抄作业，相信很多家长都会恼火。每次放假，特别是学校放长假时，总有不少家长向我诉苦，说的都是关于孩子抄作业的事情。

王女士的孩子在读小学三年级，孩子一到周末，常拿同学的作业来抄，到后来连同学的试卷也敢抄，这让王女士气急败坏。

李女士的孩子在读初二，可孩子抄作业的历史已经有好几年了。最让她头疼的是，孩子抄作业还搞分工合作。每次长假的最后几天，孩子总叫一些同学到他家写作业，其实是互相抄作业。

徐先生非常郁闷地告诉我，他的孩子在暑假里玩疯了，可暑假作业居然在假期最后两天内完成，做得又快又好。后来，徐先生经过仔细观察，终于发现了孩子做作业的秘密。原来孩子每次做作业的时候都打开电脑，把题目发到一些网站上或学校同学的 QQ 群里，因为这些网站和 QQ 群里可以提供作业答案。

最大胆的抄作业行为可能就是雇人做作业了。郑女士在公司里上班，平常很少管孩子，可后来发现孩子为了完成作业还特地花钱雇了一个大学生，天天给孩子做作业。我曾在一个论坛里看到这样的信息：急招抄作业人员 1 名，每天支付 200 元。后来我才知道原来是一个初中学生在请人代写作业。

我们都知道，孩子上学之后，生活中就有了一件叫“作业”的东西。国内的孩子每天都要和作业打交道，作业成了孩子的一项学习任务。

孩子并非天生就爱抄作业，对很多孩子来说，抄作业实属无奈，都有被迫的因素。孩子第一次抄作业的时候，总会提心吊胆，有一种不安的心理。即使抄完作业之后，还是惶恐不安，生怕被家长或老师发现。但经历了第一次抄作业之后，接下来就可能有第二次、第三次、第四次……

每个孩子都知道抄作业是一种不诚实的行为，所以他们常常避开父母的视线抄袭。孩子也是受害者，需要父母的理解和关爱。如果大人能够为孩子提供宽松的环境，以理解和同情的眼光看待孩子的行为，想必孩子会将自己的苦衷告诉父母。这样，父母既能准确把握孩子抄作业的原因，又能帮助孩子矫正抄作业的行为。反之，如果父母采取粗暴的方式，只会使孩子感到不被理解，从而不信任父母，继续背着父母抄作业。

如果孩子抄作业是因为环境，那父母就要自我检讨了。有些孩子兴冲冲地把家庭作业带回家，准备饭后完成，不料，家中来了客人，聊天或看电视的声音太响，使孩子写作业受到严重干扰。这就怨不得孩子了。

那么，孩子到底可不可以抄作业呢？我曾和一些老师及家长讨论过这个问题，我们一致认为孩子抄作业是一种错误行为，不应提倡。抄作业终究会在考试的时候暴露出问题，不少孩子一到考试便使不出什么花招了，这才发现抄作业原来是一种“慢性自杀”。

从长远的角度来说，孩子抄作业还可能影响日后的生活和工作。所以，如何杜绝孩子抄作业的行为是一个大问题。

有家长说，为了避免孩子抄作业，干脆陪伴孩子写作业。现在很多学校也流行这样的方式，即让家长帮忙检查孩子的作业并签字。我认为家长陪孩子写作业，要根据孩子的实际情况而定。如果刚上学不久，如幼儿园时期或小学低年级，孩子尚不能正确书写，时间观念淡薄或作业效率不高，家长可以陪伴孩子养成良好的写作业习惯，但要在适当的时候放手，给予孩子独立完成作业的时间和空间。如果孩子已经能够独立写作业，那家长就没必要陪伴孩子写作业了，因为写作业是孩子的事情，作业的对错也是孩子的事情，这样才能真实地反映孩子的学习情况。

值得一提的是，很多家长一看见孩子回家，就让他写作业。其实，这样的做法很不科学。家长首先要做的不是让孩子马上写作业，而应主动和孩子进行交流，倾听孩子在学校发生的趣事。等孩子的故事说完了，家长说："我想你知道现在该干什么。"我想，很多孩子都会说："我该写作业了！"孩子在宽松的环境下写作业，必然会提高速度，避免抄作业。家长用陪读的方式监督孩子写作业，这个方法有一定的效果，但也有可能使孩子产生不被信任的感觉。

家长单方面应对孩子的抄作业行为还远远不够，还需要老师的配合。家庭作业是学校教育的延伸，也是老师了解孩子学习情况的重要途径。对老师来说，布置适量的作业，精选作业内容，将数量变为质量才是关键所在。如果作业量太大，孩子做不完，父母应积极和任课教师联系，看各任课教师能否按照孩子学习情况调整作业量。

此外，老师可以鼓励孩子自主选择作业内容。具体来说，老师布置作业的时候，是面向全体学生的，没有考虑到每一个学生的学习程度。一些学习成绩优秀的学生，其实没必要做相同的作业，而一些学习成绩一般的学生也没必要做过多的作业。老师可以给孩子布置一定范围的作业，设计"必写作业"和"选写作业"，孩子可以根据自己的学习情况有选择性地写作业。

让孩子自己决定写哪些作业，这是培养孩子自我管理能力的有效途径。如果孩子能坚持两三年，必定会产生积极的效果。

老师在批改作业时，要做一个有心人，多留意班级孩子作业的雷同现象，如同学之间、主观表述和标准答案之间的雷同现象。作为老师，要及时制止这些行为。如果不及时恰当地处理，久而久之，孩子抄作业会更加大胆。

如果老师发现了孩子的抄作业行为，不能当众批评孩子。老师和家长可以通过心理教育的方式，教育孩子抄作业是一种心理不成熟、不健康的表现，懒惰是学习的大敌，只有勤奋才能取得好成绩。

如果孩子抄作业是因为自身的懒惰，那父母就要检讨自己的家庭教育方式了。孩子一旦对抄作业上了瘾，就不再是一件小事，需要父母和老师共同努力，才能找到矫正的方法。

贴心提示：孩子作业太多，家长怎么办

在应试教育的大环境下，孩子的作业太多是一个普遍现象，但有些作业（如抄写）太多，会促使孩子产生逆反心理，对孩子的学习没有好处。父母要关注孩子的身心健康，疏导孩子的不满情绪。

家长有必要和老师沟通一下，既要表达自己的心声，又要顾及老师的脸面，更不能伤害孩子。家长可以这样对老师说：“孩子在老师的教育下，有了不少好的表现，我们一家人都感到高兴，还要由衷地谢谢老师。可最近我们发现孩子很烦躁，一看到作业就很苦恼。孩子为了完成作业，真是挑灯夜战。但是，眼看着孩子的逆反情绪越来越严重，我们真不知道该怎么帮他。”有了这样的开头后，家长可以循序渐进地说：“我们能否商量一下，看看是否有必要帮助孩子减少点作业，如重复性的抄写作业，是否只要孩子能记住，就可以减少抄写的数量。”

如果老师不好说话，那不妨发条手机短信或写封信与老师交流。如果家长的意见遭到老师拒绝，那家长们可以联合起来，一起和老师沟通，这样的效果会比较好一些。

当然，矫正孩子抄作业的行为有一些实用方法。家长平时要多

关心一下孩子的作业完成情况，和孩子交流写作业的问题。有时候，家长也可以帮助孩子一起写作业，但要量力而行，以免演变成帮助孩子欺骗老师。

单亲家庭的家长如何与老师沟通

前几天，我去学校找老师了解孩子的情况。当我步入办公室向老师打招呼的时候，老师正在批改试卷，看到我便说："你来得正好，我正想找你呢。你家孩子怎么回事，最近上课总发呆，像变了个人似的。"老师特地翻出孩子的数学试卷，愤愤地对我说："你看看这次数学考试，才 57 分！"看着孩子的分数，我不知道说什么，只怪自己没有照顾好孩子。我很想鼓起勇气，把家里的情况告诉老师，可我又不知道怎么开口……其实，孩子的变化跟家庭有关。上个月，我把自己和老公离婚的事情告诉了孩子。那晚，我感到有点绝望，生气地对孩子说："你爸爸不要我们了！你就当作他不存在好了。"孩子十分迷茫地盯着我，显得不知所措，"哇"的一声大哭起来。说实话，孩子最喜欢他爸爸，平常跟我玩得比较少。为了补偿孩子缺失的父爱，我天天给孩子买好吃的，买新衣服，带孩子出去散心。可是孩子却一直开心不起来，变得沉默寡言。……现在，我真不知道该怎么办。我还能为孩子做些什么事情呢？

这是一封单亲妈妈的来信，我只截取了其中关键的一段内容。

当我读完这封来信，心里既欣喜又沉重。我为这位单亲妈妈的负责和母爱深深感动，这位母亲并没有因为离婚而放弃教育孩子的责任。她为孩子付出了许多许多，亲自到学校了解孩子的情况，鼓起勇气给我写信请教一些教育问题，这种无私的母爱令我敬佩。

令我深感沉重的是，这个家庭支离破碎，孩子犹如随风飘荡的叶子找不到扎根的地方。我们看到，这个孩子因为爸爸的离去变得少言寡语、木讷。更令人担心的是，这个孩子的学习成绩在下滑，进而可能出现厌学现象。

我们都知道，每个孩子都希望生活在一个和睦幸福的家庭里。但由于种种原因，家庭不和睦的现象时有发生，特别是夫妻离婚。夫妻双方可因任何理由不欢而散，但对一个孩子来说，这是一种生命中不可承受之重。几年前，我遇到过一个即将破裂的家庭，孩子变得非常敏感，常常偷听父母的说话。孩子母亲跟我聊起过此事，我给她的建议是：感情不和勉强走下去确实是一件非常痛苦的事，但家庭重组必然对孩子产生负面影响，这就是必须慎重权衡利弊的地方，望三思而后行。前几天，我特地去打听了这个家庭的情况。值得欣慰的是，听说孩子的父母后来和好如初了，现在生活十分美满。

我们不难发现，在一个家庭里，婚姻关系越牢固，对孩子的成长越有利。这不仅是因为稳固的婚姻关系能够为孩子提供良好的家庭环境，更重要的在于能够促进亲子关系的融洽，孩子不会产生孤僻、敏感、自卑等心理。我们在那位单亲妈妈的来信中看到了她的孩子所受到的巨大伤害，她的孩子特别爱爸爸，而父母离婚后，孩子不再像以前那样天天见到爸爸，失去爸爸就等于失去精神支柱。所以，即使孩子的母亲买再多好吃好玩的东西，孩子都不会感到满足。即使孩子的母亲天天陪伴孩子散心游玩，都无法替代孩子内心所期待的父爱。这不仅是孩子一时的悲剧，更是孩子一生的伤痛。

但不可否认，如果教育得当，单亲家庭的孩子照样能够顺利成材。西方国家的单亲家庭数目相当庞大，但同样培养出了非常优秀的人才，比如美国前总统威廉·克林顿、英国前首相爱德华·希思、歌唱家埃尔顿·约翰、电影导演萨姆·门德斯、电影演员西尔维斯特·史泰龙、国际象棋大师加里·卡斯帕罗夫……可见，家长的素养很重要，能直接或间接地影响孩子的未来。

英国伦敦大学心理学家多萝西·埃诺博士指出，母亲那种献身精神、那种专注，灌输给一个男孩的是伟大的自尊，那些从小拥有这种自尊的人将永远不会放弃，而是发展成自信的成年人。你有了这种信心，如果再勤奋就可以成功。

英国前首相希思从小由母亲抚养成人，他母亲一直告诫他：只要努力就能成功。后来，希思通过自己的不懈努力，终于走向了成功。晚年的时候，希思回忆起母亲，动情地说："当母亲逝世时，我身心交瘁，简直要垮掉，我几乎不知道如何生活下去。"

实践证明，孩子需要的是父母带给他的爱、安全感和精神力量，一个充满爱、宽容、民主和道德良知的家庭，是孩子成才的关键。

我们知道，在一般的单亲家庭里，孩子的变化最为明显。单亲家庭的父母很容易犯以下几个错误：（1）过于溺爱。父母离异后，孩子跟父亲或母亲生活，特别是跟母亲生活的孩子，最容易被母亲溺爱。很多单亲妈妈为了弥补婚姻缺憾给孩子造成的伤害，为了让孩子过得比以前更好，就拼命地给孩子创造种种物质条件。（2）束缚孩子的手脚。很多单亲母亲喜欢为孩子包办一切，平时不让孩子参加劳动，不注意培养孩子的自立意识，使孩子从小缺乏独立性。（3）使孩子产生怨恨心理。一些父母离异后，总在孩子面前说对方（父亲或母亲）的不好，一味排斥对方，如前文中提到的单亲妈妈告诉孩子："你爸爸不要我们了！你就当作他不存在好了。"这样的话对一个孩子来说犹如晴天霹雳，难以接受。当孩子犯错的时候，别牵扯对方，尤其忌讳对着孩子发牢骚。有些单亲妈妈（或爸爸）干脆鼓动孩子去恨对方，使孩子从小变得冷漠、不友善。（4）对孩子不理不睬。有些父母将孩子视为负担，对孩子态度冷漠。特别是一些重新组建家庭的单亲妈妈（或爸爸），孩子可能成为新家庭矛盾的导火线。（5）对孩子期望过高。有不少单亲妈妈（或爸爸）为让孩子能够出人头地，对孩子寄予很高的期望。

如果父母离异，应该及时将离婚的实情告诉孩子。但在告知之前，先冷静地思考一番，想想你最应该让孩子知道什么。因为不同年纪的孩子心理承受能力也不一样。一个聪明的单亲妈妈（或爸爸），最好站在孩子的角度思考问题，不让孩子因此而感到害怕。最好在父母离异前，一家人坐在一起把情况告诉孩子。父母要和孩子平等、民主、自由地交流。当父母将实情告诉孩子时，可以先试探一下孩子的内心感受，然后让孩子说说自己的想法或疑惑。父母应该及时而详细地解答孩子的问题，并让孩子对整个离婚过程有一个了解。另外，要让孩子知道未来生活的安排，知道无论跟母亲还是跟父亲生活，父母的爱都不会缺席，这是为了让孩子拥有安全感。最后，多关注孩子的精神需要。有不少单亲妈妈（或爸爸）以为尽力给孩子创造物质条件就可以，其实不然，孩子最需要的是心灵和精神的满足。

如果孩子在和父母交流中出现情绪波动，如大哭大闹，父母千万要控制情绪，多安慰孩子，倾听孩子的心声。假如孩子舍不得与父母分开，那父母得重新思考离婚的问题，切不可以谎言欺骗孩子。

单亲家庭的父母更需要和老师沟通。一般来说，单亲家庭的孩子都比较敏感，性格忧郁孤僻，甚至有愤世嫉俗的心理，比如上文提到的来信中的孩子出现不爱说话的现象。如果你是一位单亲妈妈（或爸爸），那你最好及时把家庭情况告诉老师。我们知道，有不少单亲家庭的父母由于自尊心比较强，不大愿意将自己的情况告诉别人。但为了孩子的成长，我们还是该与老师坦诚相待，积极和老师保持联系。以下几点是与老师沟通时应注意的地方。

- 让老师像往常一样对待孩子，别对孩子忽冷忽热。单亲家庭的孩子有一段敏感期，非常在意别人的言行。
- 拜托老师多关注孩子的情绪变化。孩子的情绪是写在脸上的，老师可以通过孩子的言行举止观察到孩子的情绪变化。比如，有些孩子突然变得不爱说话，这时老师可以和家长沟通一下。
- 让老师多关心和鼓励孩子，帮助孩子在爱中学会自立、自强。
- 多让孩子参加集体活动，让孩子感受集体的温暖。
- 让孩子坦然面对现实。当孩子尚未真正走出父母离异的阴影时，不用言语伤害孩子，比如“你真可怜”“单亲孩子啊”“没人要的孩子”……因为这些言语很容易伤害孩子的心灵。老师可以通过和孩子谈心等方式，帮助孩子树立理想，让其坦然面对现实。
- 和老师商量帮助孩子走出阴影的计划，可以是短期的，也可以是长期的。

总之，只要家长始终不放弃，多与老师沟通，及时了解孩子的心理变化，有效采取措施，便一定能帮助孩子渡过难关。

贴心提示：单亲家庭的家长和老师沟通应遵循什么原则

单亲妈妈（或爸爸）在与老师沟通时，尤其要注意分寸。

首先，说出家庭实情时要注意场合和老师的心理，不是任何老师都愿意倾听家长的家庭情况，也不是任何场合都可以说的。有些涉及隐私的部分，可以省去不说。

其次，把握交往距离。有些单亲妈妈（或爸爸）由于另一方在家庭中的缺席，会将老师当作最亲密的人，把老师当作唯一可以倾诉和寄托的人，这样势必增加老师的负担，可能会影响沟通效果。

再次，经常沟通。孩子在家有了变化，家长要及时反映给老师。如果老师发现孩子在学校取得了进步，也应该及时告知家长。

最后，适当地感谢老师。如果老师对孩子倾注了大量心血，单亲妈妈（或爸爸）可要好好感激一下老师，可以送些小礼物或写一封感谢信。

第六章　如何鼓励老师与我们合作

苏霍姆林斯基说："要教育好孩子，就要不断提高教育技巧。要提高教育技巧，那么就需要家长付出个人的努力，不断进修自己。"孩子上学后，教育孩子不全是老师的责任，父母同样有责任。只有父母加大教育参与度，与老师亲密合作，才有可能给孩子好的教育。

你对自己知多少

这几年，我接触到很多父母，在谈到和老师沟通这个话题时，家长总有说不完的话，对老师既爱又恨。家长对老师的要求很多，但似乎就是没有很好地认识自己。家长不妨看看以下内容。

你是一个称职的家长吗

很多时候，经常有家长对我说："我们给孩子吃的、穿的、用的、玩的，孩子要什么，我们基本上都给，你说我们还不称职吗？"在很多家长心目中，只要满足孩子的吃、穿、用、玩，就是一个称职的家长。孩子的成长固然需要物质条件，但孩子精神上的需求，家长能满足吗？比如，孩子想要多玩一会儿，家长能同意吗？孩子想多一点自由空间，家长能给吗？孩子遇到不开心的事情，想找个人倾诉，家长能耐心倾听孩子的心声吗？孩子与异性同学交往，家长能看得过去吗？……诸如此类问题，家长都能心平气和地对待吗？

到底什么样的家长才算称职呢？家长不仅只是孩子成长中物质条件的提供者，更是孩子人生旅途中的引路人。一个称职的家长是一个懂得孩子心理的长者，给予孩子的应该是自由、仁爱、无私、刚毅、温和等。当孩子的生命中有了这些底色，才有了健康成长的基础。一个称职的家长是孩子无话不说的好朋友，无论孩子有什么秘密都乐于与他分享。

一个优秀孩子的背后往往有慈爱智慧的父母。成功的父母能够根据孩子的心理特点，平等地和孩子相处。孩子受到伤害时，父母总是站在孩子一边。当孩子被繁重的作业压得喘不过气时，父母会与老师沟通，适当地减轻孩子的学习压力，避免出现拔苗助长的现象。再者，父母对孩子的榜样作用也很重要。孩子的模仿能力很强，有样学样。父母的行为举止会对孩子产生深刻的影响，甚至会影响孩子的一生。所以，父母在孩子面前要做到表里如一，言行一致，这会促使孩子成长为一个讲信用、有担当的人。

你对孩子的期望是否合理

中国的父母向来对孩子抱有很高的期望，望子成龙，望女成凤。孩子一到上学的年龄，父母就千方百计地把孩子送进名校，好像孩子不进名校就没有前途似的。

现在的父母几乎天天都在鼓励孩子好好学习，孩子忙得要命，每天起早摸黑，挑灯苦读，连难得的周末时间都用来补课了。话说回来，父母对孩子应该有期望值，但这期望值要有个度，过犹不及。父母对孩子的合理期望，对孩子的成长有一定的促进作用。如果父母对孩子没有了期望，可能会使孩子在安逸的环境中不思进取，失去了前进的方向和动力。实际上，父母对孩子最大的期望不应该只是集中在学习上，应该把目光放得远点，多关心孩子的精神成长、天赋培养，使孩子能够健康、快乐、幸福。

你对孩子的教育方式恰当吗

父母是孩子的第一任老师，其言行举止都将潜移默化地影响到孩子的成长。有的父母比较宽容，教育孩子得法，他们看似不管孩子，但孩子的心与父母靠得最近。有的父母言行粗暴，采用暴力手段管教孩子，孩子貌似被管得服服帖帖，实际却出现了逆反心理，对父母有抵触情绪。

小丁上小学五年级，看起来却像个小老头，他从小就生活在一个暴力倾向比较严重的家庭里。父母对他管得很严格，他一犯错误，爸爸就会把他痛打一顿。有一次，小丁的数学只考了 57 分，爸爸知道后，就拿起皮鞋往小丁身上猛抽，连邻居看了都觉得心疼。后来，小丁像变了一个人似的，不再喜欢与同学交往，经常低着头独来独往，学习成绩差得一塌糊涂。

很多父母喜欢用强力或暴力使孩子屈服，但这种教育方式的效果只能是暂时的，在暴力环境下成长起来的孩子，心灵总是扭曲的，对人或事物特别敏感，郁郁寡欢的居多数。家长应该以理服人，要让自己的孩子发自内心地爱你，而不是怕你。

你对孩子的老师的要求是否合理

有一年开学后，我给学生布置了一项作业，让他们请自己的父母写几句新学期对老师的期望和要求。我忐忑不安地等待孩子们把家长的话交给我，担心没几个父母会在意这个问题。

出乎意料的是，我陆陆续续地收到了全班学生家长的留言。有的父母写道："我的孩子在家很调皮，我们家长都感到头疼，希望老师对孩子严格一点，严师出高徒。"有的父母说："我们选择这所学校，看重的是学校的严格管理和教学质量。我们希望老师能够关注到大多数孩子，不论孩子的成绩是好还是差，不论孩子是听话还是捣蛋，也不论孩子的家庭背景是好还是坏，我们只希望老师能够成为孩子的朋友，成为孩子成长道路上的引导者。"有的父母深情地写道："可怜天下父母心，哪一个父母不希望自己的孩子能够听话懂事？我家小孩性格内向，不善于表达，希望老师不要嫌弃这样内向的孩子，我希望老师是他最好的朋友，当孩子孤单的时候，老师会伸出温暖的手；当孩子遇到挫折或失败的时候，老师能给予其无限的鼓励，让孩子从失败的泥潭中重新站起来。最后，我只想对为孩子付出了艰辛的劳动的老师说声谢谢。”……

当然，也有一些父母提过这样的要求，比如：“希望老师改变教学方式，合理安排学习和玩的时间。”“希望老师布置的作业多一点，让孩子的成绩再好一点。”“希望老师和家长一起努力，引导孩子。”“希望老师能与我们及时沟通，帮助孩子改掉坏习惯。”……

从这些父母的留言中，我们不难看出，父母对老师的要求是多方面的，既有学习上的，也有生活上的，但有一个共同点，就是希望老师能多关注孩子，引导孩子健康成长。

但家长有些要求比较难为老师，比如，要求老师每时每刻关心照顾好每一个孩子的衣食住行。老师不会七十二变，没有三头六臂，老师也不是保姆，很难时时刻刻照顾好每一个孩子，但在能力范围内，老师爱学生的心一如母亲，老师会尽最大努力照顾好每个孩子。

贴心提示：孩子在什么时候容易离家出走

孩子想离家出走总是有原因的，不可能无缘无故离家出走，其原因主要有以下几个方面。

- 家长或老师过于严厉地批评孩子，伤害了孩子的心灵，孩子叛逆心理作祟选择离家出走。
- 管得太严的家庭或班级，孩子和家长或老师之间存在沟通的鸿沟。
- 孩子有网瘾。
- 孩子为寻求刺激。一些孩子受到电视剧或电影的影响，想学着去外面探险。有些处于恋爱状态的孩子，也常常闹离家出走，美其名曰“浪漫”。

家长能为老师做些什么

许多家长对老师的工作很认可，也心存感激，总希望自己能答谢老师。可是，让家长们感到困惑的是，该为老师做些什么事情呢？

两年前，豆豆妈给我讲述了她和老师的故事，让人深受启发。豆豆妈是一位园林工作人员，她所在的单位是一个风景园林，园林里有植物、假山、建筑。由于离家比较远，豆豆妈中午在单位里吃饭，有时周末还要到单位加班。平时，豆豆都由豆豆爸接送，所以她对孩子在学校的表现不是很了解，但又很想通过老师了解一下学校的教育和豆豆的学习情况。

幸运的是，豆豆遇到了一个很热心的老师，豆豆的老师经常打电话到她家，还向豆豆父母反映豆豆在学校的情况。豆豆刚上小学一年级，起初对学校生活不是很适应，经过老师的帮助，豆豆慢慢地适应了学校生活。豆豆妈知道老师为孩子付出了许多精力，她心里有说不出的感动，但又想不出用什么方式向老师表达感激之情。

直到有一天，豆豆妈的单位里来了一群特殊的客人，一群小学生在老师的带领下来园林参观。孩子们见到园林里的植物表现出前所未有的兴奋，不停地向老师打听植物的名称，可有些植物连老师也不认识，只好请园林工作人员讲解。在那天的活动中，孩子们了解了许多植物的名字和特性，还见识了许多古代建筑，有的孩子还拍了照片。看着孩子们满意而归，豆豆妈想到了一个好主意。

当天晚上，豆豆妈特地给老师打了电话，问老师能否带孩子到园林参观一下，这不仅可以让孩子增长知识，而且可以培养孩子对大自然的热爱。老师听后，非常高兴，当时就满口答应了，并和豆豆妈约好了参观的时间。

到了预定的时间，老师带着班里的学生乘车到了园林。孩子们一下车，立刻欢呼雀跃起来："好漂亮的树！""好美的亭子！""好清澈的水啊！"……豆豆妈亲自走在孩子们中间，耐心地给孩子们讲解园林里的景物和历史文化。有几个喜欢画画的孩子拿着笔画了一幅又一幅风景画，有几个孩子将植物的名字一个一个地记下来，有一些孩子还爬上了假山，站在山顶欣赏风景。园林里有一条小河，水里养着几只鸭子，孩子们追着鸭子跑。最快乐的当数豆豆了，因为她见识了妈妈的工作，同时增长了许多有趣的知识，内心充满了自豪感。

通过这次参观活动，孩子们欣赏到了园林里美丽而奇特的风景，学到了许多园林知识，这可比在课堂学习更加直观，更令人印象深刻。在豆豆妈和老师的精心准备下，整个活动收到了意想不到的效果。同时，豆豆妈也利用这次活动对老师聊表谢意，拉近了彼此之间的距离。

很多家长平时抱怨自己不知道怎样和老师培养感情，其实很简单，像豆豆妈那样根据自己的工作特点，为老师和学生创造了一个学习的机会，这不是一举两得的事情吗？家长可以根据自己的实际情况，为老师做一些力所能及的事情，这也是配合老师的工作。

我再说一个例子。有一个医生朋友与我聊起当年他给初中生上课的事情时，兴奋不已地说："现在的学生太好玩了。"原来那个医生朋友的孩子读初三，孩子的科学课本中有一个章节是讲人体新陈代谢的，里面涉及血液循环、血压、心脏解剖等内容。有一次，他的女儿曾无意中说起老师讲的内容枯燥乏味，完全引不起同学们的兴趣，还向他请教有关人体新陈代谢问题。

孩子的话引起了他的注意，他想：既然有很多学生觉得老师讲的内容比较枯燥，不如自己到学校给学生上一节课。当然，这不是抢老师的风头，而是配合老师的教学工作，毕竟自己在医学方面有专长。于是，他向女儿打听，学校是否允许校外专业人士到学校讲课。他女儿说，以前有几个心理咨询师到学校开过讲座。那个医生朋友向女儿要了科学老师的电话号码，和老师商量这件事，并征求老师的意见，结果老师喜出望外，因为老师也正想找一个医生到学校讲课。

在征得老师的同意之后，那个医生朋友就立即准备给学生讲课的资料。出乎意料的是，来听课的不仅仅有他女儿的同学，还有其他班级的学生。那天晚上，那个医生朋友穿了一件白大褂走上讲台，底下的学生立即兴奋得跳起来，他们还是第一次见到医生到学校讲课。那个医生朋友从包里取出听诊器、手术刀、血压计、脉搏计等医疗器材，认真讲解了如何测脉搏、血压和解剖猪心。

那位医生朋友精彩的讲解和精湛的操作赢得了学生一阵阵热烈的掌声。他还让学生亲手测量心率和血压，然后让他们对测出的数值进行分析。整个授课过程在非常愉悦的气氛中进行，学生的热情参与让他感到无比喜悦。

我听了他的经历之后深受启发：我们家长为什么不利用自己的专业技能到学校为老师和学生做些事情呢？生活中有各种各样的工作，学生在书本上所学的知识毕竟有限，视野毕竟狭窄，如果能让家长根据自己的工作特点和经历到学校讲课，不失为一种很好的尝试。

现在的学校教育日益大众化和多元化，知识传播不再局限于书本，电视、网络、报纸等都是学习的重要渠道。现在家庭和学校都比较重视学生的社会实践能力，而让学生多了解社会，走进社会，对于丰富校园生活，培养孩子的学习兴趣都十分有益。

现在的许多学校，包括幼儿园，经常有亲子活动，这是家长了解学校、了解孩子校园生活的最好方式。有些学校还常与街道社区、公司、商场合作，给学生提供参观的机会。

如果你是一位心理咨询师，你可以选择一个合适的机会，为孩子们讲学习心理、交往心理和考试心理等方面的知识。如果你是体育运动员，你可以到学校开个关于体育知识的讲座，告诉孩子们怎样强身健体。如果你是一个公司的员工，你可以让孩子们到公司参观产品，了解产品的生产过程。如果你是一个大学老师，你完全可以到学校开一个讲座，帮助学生和老师提高知识水平……只要你是一个有心人，就一定能为老师和学生做些事情。

所以，有条件的家长可别错过这个大好机会。当然，不是所有的家长都愿意参加学校的活动，这不能强求。我认为，只要家长们肯动脑筋，就一定能配合好老师的工作，为孩子创造一个健康快乐的学习环境。

贴心提示：家长想为老师做点事情，怎么开口

很多时候，家长想为老师做些力所能及的事情，却不知如何开口。

如果家长发现老师的工作很辛苦，很想为老师分担一下，可以以询问的语气对老师说："老师，孩子交给您，真让您费了不少心思。您看看，有什么事情需要我帮忙的？"

如果家长想帮老师管教孩子，可以直接说："老师，您辛苦了，孩子在家的时候，我们再多多教育他（她），有不懂的地方再来请教您。"

如果家长想去学校帮老师做点事情，就要先克服胆怯和疑虑心理，可以这样和老师说："老师，您好！我有一个想法想跟您商量一下，不知道您有没有时间？"

在一般情况下，家长所提的合理想法都会获得老师的认可。但有时候，老师也可能会拒绝家长帮忙。在这种情况下，家长也不必大惊小怪，这可能和老师的性格等因素有关。

家访可以这样轻松有效

一提到老师家访，十之八九的孩子都有心理压力，家长也莫名紧张。孩子把老师的家访当作一件非常沉重的事情，有些孩子故意把家庭地址写错，让老师找不到自己家。有些孩子一听老师要家访，就把门关起来，或者躲得远远的。

我在教书的时候，就碰到过这种事情。那时，学校规定每个老师在学期结束之后都要去家访。和我同组的是一位老教师，我们带着家访名单乘车去学生家里。我按照家访名单上的地址逐个家访，遇到好几个热情的家长，给我们倒水，陪我们谈话。不热情的家长也不少，当我们走到一个孩子家时，门是开着的，就是没见着人，邻居说他们刚出去。我们便到另一个孩子家里去，可是当我们走到他家门口的时候，门突然关了起来，我们使劲地喊学生的名字却没人回答。当我们正要离开的时候，只听屋子里传来一个中年妇女的声音：“你们不用来了，孩子下学期不读书了。”弄得我们十分尴尬，只好无奈地走了。我们也碰到有一个孩子躲在楼上不愿意下来的，他的父母同样没在家。最令我们哭笑不得的是，一个孩子故意把地址写错了，连电话号码都是假的。如此家访，真的让人头疼。孩子不愿意被家访，或许也有不少苦衷。

在后来的一次家访之前，我特地给学生布置了一篇作文：谈谈你对家访的看法。作文交上来了，大部分孩子向我诉苦，说最好不要家访，那会增加他们的负担。有孩子写道："在老师眼里，我们总有说不完的缺点，家访无非就是告状呗。我的日子已经很不好过了，老师就别到我家向我妈妈告状了，那样我会活得更惨！"有孩子说："家访让人感到压抑。"也有孩子说："家访之后，爸妈就骂我打我。"还有孩子说："我不怕老师来家里，我一走了之。"赞成老师家访的孩子非常少，他们所期待的是家访不会给他们带来压力。

在我所认识的家长当中，许多人对家访既期待又感到紧张，常常处于这样的矛盾中，但大多数家长还是比较赞成家访的。我认识一个在外地做生意的家长，当他听说老师要家访时，便连夜从外地赶回来。他认为，家访是老师对孩子负责的表现，再忙的生意都应该先停下来，热情接待老师也是尊师重道的体现。虽然老师家访的时间并不长，但家长和老师在交流中可以增进了解。我对这位家长相当欣赏，他把和孩子息息相关的重要事情放到了一定的高度去重视，我有理由相信，生意上他应该也是个成功的商人。

一些家长认为老师没必要家访，因为他们的工作太忙了，没法请假接待老师。特别是在外地工作的家长，很少有时间回家。有些家长认为家访没作用。一些家长认为即使老师到家了，也说了一些孩子学习方面的情况，但最终解决不了问题。一些家长认为孩子在家表现不好，自己也没脸面见老师，所以一听说老师要过来家访，总感到有很大的压力。还有一些家长认为见到老师不知道谈些什么，心里没底。只有极少数家长是因为偏袒孩子而不愿意接待老师。个别孩子在家里是小皇帝或小公主，怕见到老师，就利用各种方法不让家长见老师。

家访是家长与老师之间的沟通，最重要的是得到家长的理解和支持，离开了家长支持的家访终究是不成功的。实际上，上门家访可以让老师对学生的真实情况有最直接的了解。很多时候，学生在学校里，在老师和同学们面前表现出来的并不是最真实的状态，他们的性格特点或生活状况往往只有在家里才会很自然地表露出来。因此，家访并未过时，我们依然需要家访。那么在今天，我们又该如何使家访变得轻松快乐呢？或者说，我们需要怎样的家访呢？

对于家长来说，不必太刻意准备。我记得有个家长为了迎接老师家访，从早上六点就开始打扫卫生，擦地就擦了十遍，忙里忙外，直到下午才彻底打扫干净。本想休息一下，但一想到老师马上要到家了，她就急着打扮自己。家长这样做，目的是给老师留下好的印象。但我认为，家长没有必要这样紧张，老师过来家访无非是了解一下孩子的情况（如孩子在家的生活习惯），有助于老师在学校教育孩子。最主要的还是与家长谈谈如何教育好孩子。在这一过程中，家长可以给老师提一些要求，老师也可能会给家长一定的教育指导。

因此，家长切不可回避老师家访，那样会造成双方之间的隔膜。无论家长以何种方式回避家访，都是对老师的不尊重。那么，如果家长不喜欢家访，该如何对老师说呢？一些家长觉得家访没必要，那就应该事先和老师说明情况，尝试采用新的沟通方式。遇到老师向家长告状的情况，家长应耐心地听老师陈述，即便老师说出了孩子在学校的所有缺点，家长也不必大惊小怪，孩子有缺点，说明他还有提升的空间，不能因老师据实相告而对老师另眼相看或冷落、批评孩子。

对老师而言，要注意家访的方法。主要有这样几个方面：一是注意措辞，不可把孩子说得一无是处。有些老师喜欢在家长面前批评孩子，结果搞得孩子抬不起头来。二是不要拿孩子的成绩向家长施加压力，这会使家长和孩子都丧失自信心。三是不能进行无目的的家访，或者讨好家长。

家长和老师选择什么样的谈话内容是决定家访成败的关键。在家访的过程中，家长和老师最忌仅仅谈论孩子的学习成绩。家长和老师应该多谈谈孩子的优点和潜力，以及如何挖掘孩子的潜力，给孩子关怀和鼓励。孩子的性格、生活习惯、交友情况等都应成为家访谈论的话题。

我接触过很多家长，他们心中都有理想的家访方式。有很多家长认为，家访不一定要到家里，有的老师家住得很远，与其让老师“千里迢迢”过来家访，还不如和老师约一个对双方来说远近适中的地方，如公园、咖啡厅、茶房等，这样既节省时间，又能减轻老师的负担。

其实，只要达到交流这个目的，不管什么形式都是可取的。比如，可以通过网上聊天、博客，或者电子邮件、电话、网络上的视频音频工具等与家长沟通，这样更快速有效。一些家长认为，传统的家访都是老师到孩子家里去，如果请孩子和家长一起到老师家里，也是一个不错的选择，那样双方可能会更加轻松。

当然，作业家访也是一种方式，比如，老师每次批改作业的时候，可以在孩子的本子上写上几个问题，让孩子带回家和父母一起解答。

但话说回来，家访的最终目的是更好地教育好孩子，不管采用哪一种方式，我们都应该以尊重孩子为基础，创造轻松、积极、欢乐的家访环境。

贴心提示：老师家访时，家长该怎么说

老师家访是学校教育的延伸，一般情况下，老师在家访前都会通知家长到访的时间和地点。当老师来到家里时，可以礼节性迎接，笑容满面地说：“欢迎老师到来。”“欢迎老师光临寒舍。”“老师为了孩子，还这么辛苦跑过来家访。”……

紧接着，家长可以请老师坐下来交谈，可以这样开头：“孩子在老师的教育下，有了不少进步，还得谢谢老师。”这么一说，一是表示感激，二是引出话题，三是融洽沟通气氛。如果家长想了解孩子

在学校的表现，可以直接问：“这么长时间了，不知道孩子在学校的具体表现怎样？”

如果老师直接数落孩子或批评孩子，比如老师说：“您的孩子学习太不用心了，我看没多大希望。”这时候，家长要保持镇静情绪，以询问的方式说：“孩子学习不好，让老师费了不少心思，不知道我们大家一起管教孩子，还有没有补救的机会？”

总之，好的家访不是争吵，而是愉快的沟通。

如何巧用家长会

参加过家长会的父母可能都知道，家长会是老师与家长交流的良好契机，也是家长了解孩子、与老师拉近距离的最好机会。平日里，家长难得见到老师，和老师常出现零交流的现象。如果家长能够利用好家长会，教育孩子会收到事半功倍的效果。假如父母在家长会后打骂孩子，不但伤害孩子的心灵，而且使孩子憎恨家长会。

开家长会是一门艺术。好的家长会让孩子和家长都感到轻松，是孩子进步的动力。我认识一个正在上初中的孩子，她曾跟我聊起家长会的事情。初一的时候，她的班主任告诉她们，说期中考试之后要开家长会。当时，她和其他同学一样心急如焚。可出乎意料的是，家长会那天，老师半句没提孩子们的缺点，不仅表扬孩子们各个方面的优点，而且让孩子在家长会上表演才艺。她告诉我，这是她上学以来最轻松快乐的家长会，渐渐地，她对家长会产生了好感，进而更加信任老师。所以说，好的家长会是孩子学习的动力。

盼盼是一个刚上初二的孩子，豆蔻年华，活泼好动，学习成绩不太稳定。一次学校组织月考之后，她妈妈被叫到学校开家长会。盼盼觉得非常不安，她的心一直怦怦跳个不停，还提心吊胆地猜测：家长会开始了吧？老师会不会告状呢？她既盼望家长会早点结束，又期待她妈妈迟点回家。正当盼盼心乱如麻的时候，她妈妈回来了，盼盼的心跳得更加厉害，心想，暴风雨马上就要来临了，心里很不是滋味。她垂头丧气地坐在沙发上看书，不敢抬头看她妈妈一眼。

最后还是她妈妈先说：“老师说你很活泼聪明，还有很多潜力没挖掘出来。”盼盼半信半疑地看着妈妈，还以为妈妈逗她玩的呢，连忙问道：“那老师没说别的吗？”

盼盼妈补充道：“还有啊。你的科学老师说你上课有时候走神，科学成绩有过高分，也有过低分，说明你是一个可以塑造的孩子。你的语文老师说你像个男孩子，有很多阅读潜力还处于沉睡中……”

盼盼听了之后，脸上的紧张和忧郁渐渐地消失了，暗自窃喜。看着孩子喜悦的样子，盼盼妈继续说道：“你的班主任说你是一个有特殊潜能的孩子，不要把目光盯在现在的分数上，先让自己安下心来，踏踏实实地跟着老师的教学思路走。每次上课时，你可以多向老师提问；课后练习时，要把基础知识掌握扎实。只要你肯用心学习，你身上的潜力就会像喷泉一样滚滚而来。”

盼盼妈的这番话，激起了孩子的信心，盼盼问道：“妈，那你说我有没有能力考重点高中啊？”她妈妈早就猜到孩子会这么问，便答道：“如果够聪明的话，那就努力吧，这答案就在你心里。”给孩子希望，便是给了孩子无限的动力。这让我们想起亚历山大大帝的故事。据说亚历山大在远征波斯之前，把自己所有的地产收入、奴隶和畜群都分赠给他人。当时有位将领迷惑不解地问道：“陛下，您把所有的东西分光，把什么留给自己呢？”“希望！”亚历山大干脆利落地答道，“我把希望留给自己！它将给我带来无穷的财富！”我想，天生我材必有用，每个孩子的学习也是这样的，只要有信心，不放弃希望，就一定会闪光。心怀希望的孩子学习主动性强，能主动寻找适合自己的学习方法，最终会迎难而上，成为佼佼者。

后来，盼盼的学习成绩逐渐稳定下来，各科成绩均衡发展。再后来，盼盼参加中考了，成绩出奇地好，被重点中学提前录取。盼盼的成功可能是一个特例，但盼盼妈妈的这种教育方式的确给予了孩子许多动力，这是盼盼成功的最主要原因。所以，一个善于利用家长会的家长，肯定会找到一种正确的教育方法。

家长如何正确听取老师对孩子的评价也是一门艺术。当老师指出孩子的不足时，家长不应慌张，能够看到孩子的问题是件好事，但不能以偏概全，否定孩子好的表现。聪明的家长会从长远的角度看待问题，不管孩子现在有多少不足，都会一如既往地鼓励孩子。

当然，也有这样一类家长，他们对家长会不以为然。到了会场，也总是表现出一副很不耐烦的样子，似乎自己很忙。老师在发言，家长却在底下窃窃私语或玩手机，盼着家长会尽早结束。有的家长甚至在家长会没结束时，就以各种理由中途退场。回家后，孩子问起家长会的情况，家长只有一句话："老师让你好好学习！"这类家长参加家长会只是在应付差事，不仅给老师留下了敷衍了事的印象，也无益于更好地教育孩子。

我们经常会遇到这样令人担忧的情况，很多家长会开成了成绩报告会、名次攀比大会、告状大会。这样的会明显偏离了家长会的初衷。此外，有些老师会在会后找个别家长单独交流，通常是一些学习成绩差或表现不好的孩子家长，一些家长因此觉得很没面子。其实老师这样做是为了更好地帮助孩子进步。

不少家长在参加完家长会之后，往往会气急败坏地责骂孩子。这些家长没有找到教育孩子的科学方法，只会采用粗暴的手段。对此，孩子敢怒不敢言，表面上顺从家长，内心却很不服气。那么，开完家长会之后，家长又该如何和孩子沟通呢？家长会一般带有总结性的特点，是对孩子某一阶段的学习情况及在校表现的总结。家长在家长会结束之后，应立即在脑子里形成一个帮助孩子更好成长的计划，但不应马上跟孩子谈学习的事。

首先，父母回家后，要做的第一件事就是向孩子介绍家长会的情况，如有多少人参加，老师说了些什么，特别是老师表扬了哪些孩子、批评了哪些孩子，这是孩子最为关心的。

其次，谈谈老师对自己孩子的看法。假如自己的孩子受到了表扬，那一定要重点加以突出。假如自己的孩子被老师点名批评，那父母也要沉住气，客观地指出孩子有哪些不足。有时候，父母可以适当说些违心的话，即使老师批评了孩子，父母也可以说老师期望孩子更优秀，这能给孩子更大的学习动力。

最后，父母应以鼓励为主，肯定孩子的努力，并且和孩子一起谈谈学习的方法。父母也可以和孩子一起制订一个学习计划，让以后的学习更有条理性。

如果父母抓住了家长会这个良机，恰当地加以利用，将对孩子的成长产生巨大的积极影响。一个善于利用家长会的家长是一个细心的家长，而一个以家长会的名义压制孩子的家长是一个粗鲁的家长。我想，每个家长都希望自己的孩子好起来，那就请你们好好利用家长会吧！

贴心提示：带孩子一起参加家长会

我注意到现在有些学校开始让孩子一起参加家长会，这是一个不小的进步。

家长会不仅仅是家长和老师之间的事情，更主要的在于关注孩子的成长，因此很有必要让孩子一起参加家长会。

综合起来说，这样做有这样几个好处：

一是消除孩子对家长会的误解，让孩子不再对父母和老师心存猜疑。很多孩子总以为自己会在家长会上受到批评，一到家长会便心神不定。

二是让孩子感受家长会的气氛。

三是便于家长、孩子、老师融洽交流。

快乐组建家长联合会

最近几年，一些地区出现了类似于“家长联合会”的民间团体。我所在小城的中小学校就有很多“家长学校”，听说办得还有声有色。

前不久听一个朋友说，她是家长学校的成员。她的孩子刚读小学一年级，学校就组织家长开会，成立了“一年级家长委员会”，还做了通讯录。当天，学校特地邀请了一些家庭教育专家过来开讲座。

我好奇地问：“你说的这个家长委员会有什么作用吗？”

朋友眉飞色舞地说：“作用可大了。有了这个家长委员会，只要学校里发生了跟孩子有关的事情，都有家长们的身影。”

那位朋友跟我聊起一些有趣的事情。有一次，她因为工作比较忙，没时间去学校接孩子。结果，有家长打电话给她，问她是否需要帮忙。此后还有好多次，那位朋友有事没时间接孩子，都有其他家长帮她把孩子带回家。当她讲到这里的时候，笑着说：“说真的，有了这个家长委员会，我觉得省心了许多。”

有一次，她的孩子在学校发高烧，而她又在上班，没办法赶去学校，她急忙拿出通讯录打电话向家长们求救。经过一番折腾，她终于找到了一位在家的家长。那位家长一听到这个消息，连忙驱车去学校接她的孩子去医院。到医院之后，那位家长还十分细心地给朋友的孩子加了一件衣服。幸亏及时就医，挂了一下午的吊瓶之后，孩子就没事了。等到朋友赶到医院时，那位家长还守在那里。看到这一幕，朋友感动得说不出话来。

在朋友看来，家长委员会是一个和睦的大家庭，使他们感到了温暖。学校里有什么活动，老师都会向家长委员会发出通知。重要的是家长委员会还可以参与学校一些重大事情的商议，比如，学校收费、食堂饮食、教学进度等，家长们可以派代表参加讨论。朋友给我举了一个简单的例子。一个教毕业班的语文老师上课比较懒散，经常只讲一点内容，然后就让孩子们自修。有时候，一天两节语文课全部都变成了自修，老师甚至都不在教室里。老师为什么不上课呢？孩子们感到莫名其妙。结果，有孩子把这件事情告诉了家长。那位家长立即打电话给年级家长委员会主任，要求商议对策。不出三天，这些家长们自发召开了一次会议，将那位老师的情况写成报告材料，转交给校长。

经过一番调查，学校领导发现确实存在这样的情况，而且那位语文老师一直比较懒散，只是以前没人反映罢了。事后，那位语文老师还主动向家长委员会表达歉意。从那以后，只要校园里出了一些不利于孩子学习和成长的事情，家长们便会利用家长委员会进行维权。

还有一个例子。一位四年级的班主任严厉惩罚了一个调皮的孩子小龙，因为他好几周都没按时上交作业，还经常破坏课堂纪律。这一次，班主任来上课的时候，正好发现小龙在教室里吵闹。班主任看了就生气，一把揪住小龙，把他叫到办公室批评教育。到了办公室，小龙不断地向班主任解释原因，可班主任根本听不进去，还威胁他说：“你再这样说谎，就把你爸妈叫过来。做错了事，还这样嘴硬！”

整整一个上午，班主任都没有让小龙去教室上课。办公室里的老师进进出出，但没有一个老师为小龙说情，让他回到教室上课。

临近中午的时候，班主任又过来批评小龙。批评完之后，班主任为了惩罚他，居然把他关在了办公室。班主任走的时候，还说了一句：“你中午就别想吃饭了，给我在这里好好反思反思。”

班主任走后，办公室就剩下小龙一个人。因为小龙中午都在学校吃饭，父母也就没过来寻找。一直到了下午上课，办公室来了一位老师，才发现小龙晕倒在办公室。这下事情可闹大了，小龙的班主任立即将小龙送往医院。

小龙到医院之后，一直查不出是什么病因。等小龙醒来之后，班主任把小龙带回学校吃了点东西。事后，班主任一直没把这件事情告诉家长。是小龙把这件事情告诉了家长。一开始，小龙的家长并不相信这件事情，还批评孩子不听话。直到后来孩子伤心地哭了起来，家长才知道事情的严重性。

那天，小龙妈把这件事告诉了年级家长委员会。最后，家长委员会的主任出面和学校领导交涉，并当面询问了小龙的班主任。刚开始的时候，小龙的班主任不承认有这么一件事，只说自己批评过小龙，但小龙没有晕倒，还说孩子平时很不听话，经常说谎。

这一次沟通，没得出什么结果，最主要的是没有老师和学生敢站出来作证。孩子是出了事情，但找不到证据，这让小龙的家长很郁闷。正当小龙的家长一筹莫展的时候，有好多家长打电话过来安慰，说要查明真相。当晚，家长们自发召开了会议，他们一致认为学校不能包庇老师，老师不应过度惩罚孩子，一定要给家长们一个说法。

当朋友说到这里的时候，我真为这些家长们的勇气而感动。其实，他们的做法不是没有道理的，假如小龙的事情得不到公正的处理，那就会出现第二个、第三个受到类似待遇的孩子，那孩子的正当权益怎么能得到保障呢？

于是，家长们纷纷来到校长室，要求学校公布真相。迫于家长们的压力，学校领导当天就召开教职工会议，查明了真相，而且要求小龙的班主任分别在班里和小龙家赔礼道歉。因为这件事情，家长和学校老师还专门研究制订了防止老师过度惩罚孩子的方案。其实，在教育法规里有明确提过，老师无权剥夺孩子上课的权利。

听朋友这么一说，我真是大开眼界，为现在家长们的觉醒感到无比欣慰。真希望能多一些这样的家长委员会，成为家长和老师沟通的桥梁。但是，现在的很多家长委员会都没有实际作用，形同虚设。我想，假如我们真的要做，那不妨从组建家长联合会做起。

家长联合会可以以学区为中心划分，组织选举学区总负责人、各个联合会负责人及相关学校负责人，设立教育伤害事故受理室、矛盾调解中心、理赔中心等，并聘请律师主持公道。家长联合会是一个中立性质的协会，目的是受理并调节学生与老师、家长与老师之间的矛盾，维护各方的正当权益。当孩子或家长与老师出现不可调和的矛盾或某一方被侵害时，可以直接向家长联合会反映情况，由家长联合会出面解决问题。

我所提的只是一个设想，也许会给大家一点小小的启发。只要大家从尊重孩子的角度思考问题，就会有更好的设想。

贴心提示：让教育捐赠成为时尚

细细研究一下国外的教育，我们会发现这样一种现象：众多社会人士（有些是校友）都非常热心地参与教育捐赠，将自己的钱、图书、器材等捐赠给学校使用，这是一种真正的社会办学。

教育捐赠在我们国家才刚刚兴起，未来会有更大的发展空间。从某种意义上说，学校是社会公益性单位，其实质是输出知识和技能，造就的是人才和无形的社会财富，办学不能以收取钱财为目的。从这个意义上说，教育捐赠是十分必要的。

每个人，特别是家长和受教育者，都可以为身边的学校捐赠点有用的东西，用自己的微薄之力支持教育事业。

别让老师的关照成为溺爱

我在上学的时候，因为学习成绩一直很好，几乎每一个任课老师都喜欢在课堂上叫我发言。和我有相同待遇的还有几个班干部和上课表现特别活跃的同学，而成绩一般、不吵不闹的孩子则很少被老师关注。

或许每个老师都有这样的经历，当开朗活跃的孩子回答了问题之后，老师也会点名让一些安静的孩子站起来回答，可情况总是非常不妙，那些安静的孩子偏偏不愿意开口，或者他们真的还没想好问题的答案，愣愣地站在座位上，整个活跃的课堂一下子寂静下来，总难免让老师觉得尴尬。一次两次倒还好，如果多次这样，老师可能也会失去耐心，不再关注那些安静的孩子。

很多家长都在琢磨着如何让老师多关照孩子，欢欢妈就是其中一个，她的做法很值得大家探讨。

欢欢上小学一年级的时候，都是父母送她去上学，老师总说欢欢很懂事听话，可欢欢妈非常郁闷，心里总想：孩子在学校到底怎么样呢？能适应小学学习生活吗？孩子有要好的朋友吗？孩子的学习能跟得上吗？……一连串的问号在欢欢妈脑海里打转。

后来，欢欢妈注意到了孩子的一次家庭作业，是制作野外摄影集。欢欢妈灵机一动，为什么不趁此机会让孩子好好表现，也让其他同学刮目相看，从而引起老师的关注呢？于是，欢欢妈利用周末带孩子去乡下摄影。

花了整整一天时间，欢欢的摄影集总算完成了，欢欢和父母开心地笑了。周一放学后，欢欢妈像往常一样在学校门口等着孩子。只见孩子急匆匆地跑过来，挥舞着手，大声嚷着：“妈，老师表扬了我！”欢欢妈连忙问：“什么事让老师表扬你了？”

“那本摄影集呀！老师说我做得最精美了，还奖励我一支画笔和一个笔记本。”欢欢说着，忙掏出奖品，只见笔记本的扉页上写着老师的话：“欢欢小朋友是一个非常细心、热爱大自然的孩子，你的摄影集让全班同学大开眼界，希望你再接再厉，以后有更出色的表现。”欢欢妈看到老师写给孩子的祝语，心里特别高兴，想想自己也没白费心思。

让老师关注孩子的做法还有很多，重要的是让孩子融入班集体，积极参加班级的活动。父母还要帮助孩子树立自信心，使孩子勇敢地面对学习上的各种挑战。

需要指出的是，老师特别关注孩子，也并不一定是一件好事。有些时候，老师和家长在教育孩子方面都有一定的盲目性。

我认识一个叫小宇的男孩子，刚上小学五年级，人很聪明，既懂事又懂礼貌，是一个人见人爱的孩子。小宇不仅是父母的骄傲，也是老师眼中优秀的孩子。小宇是老师的重点培养对象，凡是有什么比赛之类的事情，老师都会让他参加。某一学期，省里举办了一个青少年书法比赛，老师给小宇报了名。小宇经过几个月的魔鬼训练，终于在省比赛中得了二等奖。

本来，孩子被老师重视是一件好事情，很多家长还巴不得老师关注孩子呢。可小宇妈却为此感到忧心忡忡，一想到孩子整天为比赛忙东忙西，她就心疼，最让她不放心的是，孩子越来越没信心。

事情是这样的，老师考虑到小宇是一个非常优秀的孩子，又给小宇报了全国绘画比赛，让小宇去参加油画组比赛，可小宇一点儿都不喜欢画画，一听说这个消息，他郁闷了好几天，但又不好意思拒绝老师。小宇曾向老师推荐另一个同学，可老师立刻否定了他的意见，还对他说:“你看上次书法比赛，你不是才学了三个月的时间，就得了省二等奖吗，这可是我们学校办学以来取得的最好成绩，我相信你肯定能行。”

听了老师这番话，小宇默默地点了点头，回家准备油画比赛。可是，小宇不喜欢画画，没心思去学，又担心自己得不了奖。虽然小宇之前得了很多大奖，但他对比赛越来越感到厌烦和恐惧。

小宇妈发现孩子的饭量在一天天减少，似乎有说不出的郁闷，但为了使孩子顺利参加比赛，还是学着老师的口吻鼓励孩子好好学画。

眼看着比赛时间越来越近，小宇更加紧张起来，有好几个晚上都说梦话，说不想参加比赛，还因为比赛失眠了好几个晚上。

小宇终于参加了油画比赛，可这一次，他什么奖项都没拿到，这让老师和父母非常失望，小宇妈还闷闷不乐地说了一句“白费心思”。事情的严重性还在后头，小宇因为比赛失利，变化很大，变得沉默寡言，每天去学校总感觉有一种无形的压力，最怕见到老师和同学，怕在他们面前抬不起头。

不但如此，小宇还对学习失去了信心，怕在听课的时候和老师有目光接触，他上课开始走神，不想听讲的时候，就看看其他书，学习成绩退步了不少，这些打击让小宇变得更加忧郁，不想说话。

生活中像小宇这样的孩子还有很多。实际上，这已经是一个悲剧了。老师对孩子的特别关注，虽是好事情，但也给孩子增加了压力，当老师的关注程度超出了孩子的承受能力，反而不利于孩子的成长。

许多被老师特别关注的孩子，虽然成绩优秀，但心理素质不是很好。他们心理比较脆弱、经不起打击、容易走极端，一旦遭遇失败，他们往往不大愿意接受事实，自暴自弃者居多。

有时候，老师对孩子的关注可能转变为一种意想不到的伤害。我大哥是一个高中老师。有一年，他碰到一个十分懒散的孩子，冬天不愿早起，几乎天天迟到。他家就住在学校附近，我大哥为了不让一个孩子掉队，决定自己辛苦一点，每天天还没亮，就跑到他家催孩子起床。可那孩子不但不领情，还对老师说："老师，你就别逼我了，你这样天天催我起床，到底累不累啊，谁要你这么好心？"正当我大哥百思不得其解的时候，班里有学生告诉了他事情的原委："老师，你这样天天跑到他家催他起床，你让他在同学面前怎么抬得起头？"

因此，老师的特别关注也是一把双刃剑，需要正确看待。平时，家长不能等老师打电话过来才和老师沟通，最好主动联系老师，把孩子在家的情况告诉老师，这样使老师既关注孩子，又有针对性地教育孩子。如果家长发现自己的孩子得到老师的特别关注，首先要做的是感谢老师，这是礼貌问题。可如果老师的特别关注给孩子带来了心理压力，或给孩子造成了伤害，就要及时告诉老师。

贴心提示：怎样让老师关注孩子

如果父母想让老师关照一下孩子，也要注意把握好分寸。家长在和老师沟通时，可以多说一些孩子的突出表现，引起老师的注意。家长也应及时告诉老师孩子的缺点或疾病，请老师多加关照。

有时候，家长的确很想让老师关照一下孩子，但又担心说不好，或是怕说了也没多大作用。这时候，我们应先思考如何和老师对话。

合作型：如果孩子成绩不好，可以这样和老师说："我家孩子学习成绩一直不是很好，我们急死了，可就是不知道孩子的成绩为什么上不去。我想和老师一起督促一下孩子。"

请教型：如果孩子胆小，上课一言不发，家长可以这样跟老师说："我家孩子从小就怕生，不知道老师有没有什么方法让孩子能够上课积极发言？怕是要给老师添麻烦了。”

求助型：如果孩子爱吵架，行为不好，家长可以这样和老师说：“孩子行为不好，给老师带来很多麻烦，我们在心里很过意不去。但孩子这么小，我们又不忍心眼睁睁看着他变坏，所以想请老师帮忙管教管教。”

一定要给老师送礼吗

有家长对我说，现在最怕过节了，一过节就要花钱，最头疼的是教师节，不知道该不该给老师送礼，又不知道该给老师送什么好，一送往往就是成百上千元。

这的确是一个难题。在我们国家，学生给老师送礼也是常有的事情，只不过在以前，送的是卡片、感谢信，而如今送的则是购物卡、衣服、化妆品等，有的甚至价值上万元。我们应该搞清楚这样一个问题：父母为什么要给老师送礼呢？

出于感恩

老师为孩子的学习和学校生活付出了许多心血，给老师送礼是为了感谢老师的恩情。这是一种比较朴素的想法，也是人之常情。比如说，由于孩子成绩不好，老师经常把孩子留下来，给孩子免费辅导，父母知道后，给老师送些答谢礼物。有一次，我去一位同事办公室，发现他的办公桌旁边放着半蛇皮袋土豆，我问他怎么来的，他说是学生家长送的，感谢他对孩子的教育。我后来才知道，那位家长的孩子在同事的引导下，成了一个爱学习的孩子，这让孩子的家长非常高兴。

这种出于感恩的送礼，是人情浓厚的体现。我也收到过这样的礼物，有一个小女孩因为数学成绩不好，让我给她补课。结果，她的数学成绩提高了不少，父母让她给我送了两次鸭蛋表示感谢。我一直把这件事情记在心里，生怕自己做得还不够好。

有所求

父母爱子心切，希望孩子得到老师的特别关照。在父母眼里，现在大多学校平均每个班有 45 名孩子，有的甚至 70 到 80 多名，老师是不可能把全部心思只用在一个孩子身上的，而送礼或许能拉近距离，使老师重视自家的孩子。现在的家庭大都是独生子女，谁都不愿意让自己的孩子输在起跑线上，因此许多家长不惜用金钱和物品拉拢老师。不少家长从幼儿园开始就为子女选班级、选老师、选座位、选同桌，而在此过程中，送礼是必不可少的。在择校风、择班风、择师风愈演愈烈的背景下，家长为使孩子得到老师更多的青睐，请客送礼，谄媚老师，就不足为怪了。我们常听说这样一句话：饭桌上好说话。家长请老师吃饭，很可能也是出于这么一种想法。

被迫送礼

目前，社会上送礼成风，父母给老师送礼也带有明显的攀比风气。一个孩子的妈妈曾跟我说起过，她的孩子妙妙刚上小学三年级。听说孩子班级里的父母平时都给老师送礼，妙妙妈妈现在处于送不送、送多少的矛盾中：不送礼，怕老师不重视孩子；送的礼物太少，又怕显得寒酸，起不到什么作用。

我们还注意到，有些老师为了牟取私利，对父母请客送礼习以为常，来者不拒，还会给各种提示。比如，教师节来临之际，有些老师会在班级里放话："快到教师节了，想不想给老师表示一下？"家长遇到这种情况时，实在是非常为难，真不知道送多少礼物才合适。所以，这种被逼送礼最令人头疼了。

在上述三种情况中，很多家长送礼属于第二种情况，也是最普遍的一种情况。

我也是一个老师，对此或许有一定的发言权。说实话，家长没必要给老师送那么多贵重的礼物，即便是小礼物也大不应该。其实，很多老师也为孩子父母送礼而感到烦恼。有老师说："收了，欠家长一份人情，不知怎么还；不收，怕家长觉得我对他们小孩有意见。"也有老师说："我们最怕收了人家的礼物，教不好学生，有一些孩子真不愿意学习，即使家长送了大量礼物，我们也无能为力，这岂不是一种负担？"

家长给老师送礼，尤其是贵重的礼物，会异化师生关系，玷污孩子纯洁的心灵。国家教育部门一直倡导老师要有良好的师德，为人师表，许多老师也在课堂上批评请客送礼这种不良风气，可有些老师最终还是接受了家长的礼物，这使原本纯朴的师生关系演变为礼物关系或金钱关系。家长的送礼行为还会对孩子产生潜移默化的影响，让孩子从小就觉得只有送礼才能办成事情。

每年暑假的时候，适逢中高考结束，谢师宴愈演愈烈，开始呈现出低龄化趋势，攀比现象严重，越来越多的家长不惜重金大摆谢师宴。

实际上，老师需要的不是豪华的筵席，也不是贵重的礼物，而是家长对老师工作的理解和支持，对老师人格的尊重，以及对老师所付出劳动的一种感激，仅此而已。我真心希望家长们能够理解和尊重老师，不要以送礼的行为玷污教师这一高尚的职业。此外，送礼并不能解决孩子的问题，反而会给自己带来不必要的经济负担。

我曾在《读者》杂志上读到过一篇文章《就是不一样》，是一个在澳洲留学的中国学生写的。故事发生在圣诞节前夕，留学生想为自己的老师吉妮送一份礼物，便从网上选了一条中国的丝绸围巾，直接邮寄到吉妮的家里。可是，圣诞节过后，当地廉政公署的车突然停在了校门口，车上的人带走了吉妮老师。因为澳大利亚政府有规定，为了防止学生受到不公平待遇，教师接受学生的礼物不能超过5澳元，并且应该回赠相应价值的礼品。但吉妮老师接受了相当于50澳元的围巾，并且没有给学生任何回赠。最后，吉尼老师付给学生50澳元，才算解决了此事。这看起来是一件小事，最后的处理方式非常公正，或许值得我们学习。

贴心提示：教师节送礼贵在诚意

教师节是老师的节日，如果家长一定要送礼，那么一定要表现出诚意，以下几点可资借鉴。

- 送感谢，感谢老师对孩子的辛苦教育，可以用短信、电话、书信等形式向老师表达。
- 送理解和尊重，多从老师的角度看问题，理解老师的付出，支持老师的工作，因为家长的理解和支持是老师工作的不竭动力。老师兢兢业业、孜孜不倦的精神，值得孩子和父母尊重。可以给老师送一些文竹、百合花、茉莉花、仙人掌等，让绿意充满老师的房间。
- 送一些纪念品。孩子要毕业或者已经毕业，可以给老师送上一些有纪念意义的小礼物，如发卡、胸针、书籍等，还可以把老师和同学的形象设计成漫画，附上签名，做成个性T恤送给老师。
- 要注意节制，不必为送礼而铺张浪费。

第七章 他山之石可以攻玉

蔡元培认为，教育需要宽容，需要“兼容并包”。每个国家和地区都有独特的教育思想，都有可取之处。教育者只有怀着一颗年轻的心，善于发现和吸收世界上先进的教育思想，才能使我们的教育日新月异。

每个家长都是上帝

几年前，一本由美国著名教师弗兰克·迈考特写的《教书匠》吸引了我，全书回忆了弗兰克·迈考特先生30年的从教生涯。他刚进入学校工作时，由于缺乏教育经验，在课堂上丑态百出，结果遭到了家长们的投诉。作者如实写道：

> 好了，看看，先是三明治，现在又是绵羊。该死的电话又响了。家长们都在抗议，我得找个地方躲起来。我到这儿才两天，两天都麻烦不断。

读到这段文字，我们不仅为弗兰克·迈考特先生捏了把汗，而且深深感到美国家长不是一般的厉害。我们可以从中获取这样的信息：美国家长在时刻监督老师的工作。弗兰克·迈考特遭到投诉的原因是他在课堂上出现不恰当的言行，有家长把他说了句“该死的”当作投诉理由。这也从侧面反映出美国家长和孩子之间的交流比较畅通，他们极有可能从孩子口中获取老师的工作情况。

熟悉美国教育的读者可能知道，家长投诉老师是司空见惯的事情。很多国外教育专家认为，教育是一个相当复杂而庞大的工程，牵涉老师、家长、孩子和社会。实践证明，教育不是一个孤立的系统，现代教育需要家长和社会共同参与，而怎样恰当地和老师沟通则成了解决问题的关键。

据《中国青年报》报道，2009 年 9 月 8 日是美国大多数中小学的开学日，美国总统奥巴马前往阿灵顿县的韦克菲尔德高中发表开学演说。然而迎接他的不是列队欢迎的学生，而是一群抗议的家长，其中一位家长手举这样的条幅："奥巴马，离开我们的孩子。"许多家长纷纷打电话到学校，要求学校不得转播奥巴马的演讲。家长们担心政治人物会给孩子们"洗脑"，毒害孩子们的心灵。面对家长们的投诉，学校不得不听取他们的意见。因为在美国，家长的权力非常大，可以直接干预学校教育。

方帆在美国加州林肯高中执教多年，他将自己在美国当教师的经历写成了《我在美国教中学》一书，非常详细地探讨了中美教育的差异，比如：

> 反正，给我的印象就是，美国的很多家长，在老师要求配合教育孩子的时候，他们是站在孩子一边的，认为错的是老师。
>
> 来自中国的老师，对这样的家长相当不习惯。在国内，教育目标、课程、课本、教师、学校管理……全不是家长可以决定的。家长的责任就是送孩子上学。学校跟家长的联系，基本上就是通报学生的成绩，或者要求家长配合管理学生的纪律问题。因此，学校有绝对的权威，家长能做的，就是要求孩子尽量满足学校的要求，老师对孩子的投诉永远是正确的，不管孩子有没有错，都必须先根据老师的意见，斥责了孩子再说。
>
> 然而，在美国却不是这样的。跟中国不同，美国的公立教育一个最大的特点就是家长的高度参与。所有的公立学校，是由当地的"校区"管理，而管理校区的最高权力机构是校董会，校董会却是由当地全体公民通过投票直选产生的。换句话来说，就是家长有权选择谁来管理当地的公立教育。

在美国，家长和老师之间有许多沟通平台，如家长教师联合会、校务委员会等，而发挥作用比较大的便是家长教师联合会。

家长教师联合会由家长、老师、学生及热心于学校和社区事务的社会人员共同组成，属于非营利性社会组织，在美国社会中起到很多作用，如确保儿童的教育、健康、安全和幸福免受危险。家长教师联合会是家长和老师沟通的重要桥梁，使家长与学校、幼儿园建立联系和合作。

在美国，学校会主动和家长沟通，有比较完善的沟通管理体系，最常见的沟通方式有学校参观日、主动约谈、电话联络、家长讨论会、家访、便条留言、班级通讯等。学校还特地设计了公告牌、家长角和家长休息室。据说，美国一些学校规定，家长要在孩子开学时走访老师，要求家长及时了解孩子一学期的课程、任课老师的特点，还要求家长和老师默契配合，帮助孩子快乐成长。

每年 9 月，美国中小学校陆续开学，老师会非常慎重地给学生家长写一封“引荐信”，将学校的情况、老师的教学设想、课程安排等告诉家长。这样做的目的是让学生自由选择课程，让家长为新学期的教学提出意见。有些学校还主动和家长签订教育责任书，明确各自的责任、权利和义务。这是一种主动沟通的方式，也为家长和老师之间的沟通奠定良好的基础。

美国中小学校都十分重视学校开放日，一般安排在每学年开始的第一个月的某个周五晚上。每到这一天，校园里人满为患，学校将日程表发给每一个家长，家长到指定的教室听老师上课和交流。家长最大的收获是亲眼看到了孩子在学校的表现，也能和老师进行实质性的交流。

在美国，老师与家长之间的关系十分融洽。美国家长都比较热心，并且能体谅老师的工作，他们常常主动申请到学校当义工，协助老师做一些力所能及的事情，如为学校的活动做准备工作，协助学校举办各类演说，帮助孩子完成一些常规作业……家长还会帮助学校改善办学条件，如捐赠教学器材和图书、设立奖学金、举办各类讲座，以及通过义演、义卖等方式为学校筹集资金等，家长和老师宛如一家人。

美国家长很注重孩子的教育。孩子很小的时候，家长就开始对孩子进行“吃饭教育”和“家务教育”。美国孩子吃饭的时候，家长从不管孩子吃什么菜，吃多少，即便弄得满脸满身，家长也不管。孩子在这样的环境下成长起来，懂得自己需要什么和不需要什么。

一般的美国孩子都要做家务。孩子在一周岁左右，家长就暗示孩子自己把脏的尿布扔到垃圾桶里。孩子稍微长大一点时，家长就让孩子帮忙倒垃圾、冲洗马桶、挂衣服、浇花、整理房间、洗碗盘等。孩子到了 18 岁，就得自己挣钱解决生计问题。

总之，美国教育有其独特的一面，虽然算不上世界最好的教育，但有很多值得我们学习和借鉴的方面，可以对我们的教育产生积极的影响。

贴心提示：美国孩子的快乐生活

在美国，孩子的生活一般都比较丰富多彩。

- 学校活动多，鼓励孩子参加社会实践活动，如社会调查等。
- 美国家长比较开明，注重培养孩子的诚信、宽容等品质。

把孩子培养成绅士

第二次世界大战时期，德国军队轰炸伦敦，但整个伦敦地区的居民并未因此而慌乱不堪。人们在逃避轰炸的时候，依然衣着整洁，神情镇定，仿佛战争离他们很远似的。男人们保持着绅士的风度，彬彬有礼地给妇女们让道。

英国的绅士教育开始于 17 世纪晚期，即便到了 21 世纪的今天，这一绅士传统依旧被英国人所重视。英国作家爱德华·伯曼在《像绅士一样生活》中说："沉默和平静构成了 19 世纪英国绅士的主要特征。今天我们仍然可以从一些褪色的照片上看到他们的形象：在荒凉的沙漠上，他们盘腿而坐，白色桌布上摆着简单的午餐，尽管炽热难耐，依然着装整齐，系着领带。"

英国大教育家洛克是"绅士教育"的倡导者，他认为教育的最终目的是培养绅士："我觉得每个绅士（每个留心儿子的教育的绅士），他为儿子所求的事情，除了留给其财产以外，都包括（我假定）在四件事情里面，就是德行、智慧、礼仪和学问。"可想而知，培养绅士并非一件简单的事情。

英国家长为了把孩子培养成绅士，不论家境贫穷还是富裕，都会严格要求孩子。在英国家长看来，孩子是一个独立的个体，不是家庭的中心，更不是父母的附属品。绅士教育从教育孩子独立开始。

孩子幼小的时候，父母很少抱着孩子，而是让孩子自由地爬，随意玩耍。当孩子会行走以后，父母会让他们踉踉跄跄地跟在后头。如果孩子摔倒在地，父母也不会立即将孩子扶起来，而是鼓励和引导孩子自己站立起来。

孩子还很小的时候，就被父母送到单独的房间里睡觉。孩子一周岁至一周岁半的时候，就开始自己独立进餐。如果孩子偏食、挑食严重，父母便会把食物收起来，因为这样做能够避免孩子养成任性、自私等习性。如果孩子在用餐的时候不小心弄脏了餐桌，父母会令其自行清理。孩子到了两周岁的时候，父母就开始系统地教他们用餐礼仪。五岁的时候，孩子就可以帮助家长摆放餐具和饭后收拾餐具等。

除此之外，英国家长还和学校亲密合作，联手培养孩子的独立性。英国的中小学有一门道德教育课程叫“个人的社会健康教育”，其核心内容是尊重生命、公平、诚实、守信。教育者认为，道德教育不是灌输，而要在实际生活中培养。

普通的英国家庭大都有私家车，但家长基本上不送孩子上学，而是让他们走路、骑车、坐校车或公交车上学，风雨无阻。很多英国老牌知名学校的学习和生活条件异常艰苦，不仅伙食很差，而且缺少取暖设施，冬天要求孩子们冲冷水澡，不准盖过暖的被子，开着窗户睡觉。有一个故事说在一个寒冷的冬天，老绅士亲自用拐杖将孙子的房间玻璃打破，目的是让孙子经受寒风的考验。

当读者朋友看到这里的时候，会不会觉得英国的教育太苛刻呢？其实不然，这样的教育反而更加有利于孩子的成长，这样的教育也是英国绅士教育的传统。洛克说：“要忍耐劳苦，不要娇生惯养。”这是英国人的普遍观念。

英国家长对孩子的教育严厉但不专制，他们不强制孩子盲从，不将孩子变成懦夫。英国著名哲学家斯宾塞在《教育论》中说：“野蛮产生野蛮，仁爱产生仁爱，这就是真理。对待儿童没有同情，他们就变得没有同情；而以应有的友情对待他们就是一个培养他们友情的手段。”

无论何时何地，良好的教育方式都在造就人。很多英国家长为了孩子的成长，会利用周末时间，带孩子出去玩耍，比如，参加生日派对、踢足球、游泳、郊外旅游等。他们很少将孩子留在家里看电视或上网，因为户外生活也是一种学习，培养的是孩子的自由天性和生活能力。

在英国，家校合作的另一种方式便是有名的“家校协议”，要求家长为孩子的行为负责。孩子入学后，家长和学校要签订协议，并且要求每年签一次，其内容包括学校办学宗旨和学校老师、家长、学生等的职责，对改善家长和老师之间的关系起到很重要的作用。如果家长不遵守协议，校长有权控告家长。当然，如果老师没有很好地履行职责，家长同样有权检举老师的行为。

英国《每日邮报》曾报道，一位小学老师告诉一群平均年龄只有 9 岁的孩子：“只有小孩子才相信圣诞老人的存在……每年孩子们写给圣诞老人的信都由邮局回复。”孩子们听后，表示非常难以接受，有的孩子哭着跑回家。很多家长认为老师的话破坏了孩子们心中对圣诞老人的美好期待，有一位学生家长说：“为了保持圣诞老人在女儿心目中的地位，妻子和我做了许多努力，我们一直觉得让女儿和她 4 岁的妹妹相信圣诞老人的存在，这为她们度过圣诞节增添了许多乐趣。”老师的行为很快遭到了家长的投诉，校长立即写信向所有家长道歉：“我有 3 个孩子，非常理解家长们的感受。我们绝不希望剥夺孩子对圣诞节的热情和神秘感，这是非常严重的错误。”

英国中小学校也有家长会，但他们的家长会是一对一的形式，时间控制在 15 分钟左右，其间老师和家长都不会揭孩子的短。

爱德华·伯曼说：“绅士精神应该包括骑士般的勇气、公共服务意识、永远不变的谦恭礼貌。”时代在变，不变的是英国的“绅士教育”传统，它将会继续延续下去。

贴心提示：英国的幸福课

大概从2006年开始，英国的中小学校开设了一门特殊的课程——幸福课。幸福课的基础是积极心理学，即倡导积极情绪体验，培养好奇、乐观等积极人格特质。欧美许多国家都有类似的课程，如美国哈佛大学开设的幸福课就很受学生欢迎。实践证明，很多人在关注和追求金钱、名誉、地位等的时候，却常常感受不到幸福，其中有些人还患上了精神疾病。开设幸福课的目的，即帮助孩子们感悟和捕捉身边的幸福，珍惜拥有的幸福。

参与开发编写幸福课教材的剑桥大学博士贝里斯说：“我们将让孩子们自己思考快乐和幸福的有益方式。任何人都可以弄到美酒香烟和令人狂喜的药片，但来自食物、酒精、药物和电视的快乐去之匆匆，最终让自己一日不如一日。我希望这些孩子认识到我们能够制造幸福，而不是消费幸福。让你感觉不错的东西，并非就是对你有益的。”在英国中小学，幸福课每周一节。我们相信这样的课程，会给孩子的人生带来意想不到的快乐。

芬兰教育奇迹的密码

很早的时候，我就开始神往北欧的芬兰、丹麦、挪威、瑞典……因为这些国家不仅风光绮丽，而且人文环境良好，是理想的栖居之地。特别是芬兰在历史上创造了许多奇迹，本土品牌诺基亚手机曾在世界上占据40%的市场份额，诞生了Linux的创始人李纳斯·托沃兹，国内犯罪率一直极低……这一切都与芬兰的教育相关。芬兰被誉为世界上教育最好的国家，连欧美许多老牌国家都纷纷学习芬兰的教育模式。

芬兰在教育上的成功赢得了世界的尊敬，这背后的秘密跟这个国家以教育立国是分不开的。芬兰总统哈洛宁多次说过："我们认为，具备世界最强竞争力的秘诀，是教育。"在芬兰，孩子一出生，父母就能领到儿童福利基金、未成年生活补助、家长照顾孩子津贴等，其中有一部分专用于教育文化方面，只能到与政府签约的书店、艺术馆等单位消费。

芬兰是一个书香浓厚的国家。据芬兰教育机构统计表明，芬兰国内的图书馆达1000多个，平均每250人拥有一个图书馆，平均每个家庭拥有500册儿童读物，每人每年平均借17本书。除固定图书馆以外，芬兰还有流动图书馆，每周将图书送往偏远地区。各个图书馆形成了巨大的网络，读者根本不用担心借不到书。

芬兰家长非常崇尚阅读，阅读成了他们主要的休闲方式。在芬兰，孩子直到 7 岁才正式入学。在这之前，父母可以将孩子送到学前班或照护中心，但孩子的教育主要由父母负责，重点培养孩子的阅读兴趣和能力。孩子上学之后，家长会在每天下午三四点回家，检查孩子的作业，然后陪伴孩子读故事书，让孩子从小就在心中种下阅读的种子。孩子每天的家庭作业便是至少半小时的阅读，不是看教科书，而是看课外书。

陈之华在《芬兰教育全球第一的秘密》中说："我一直很爱看孩子们沉溺于书海中，全神贯注地投入、汲取故事情节。我原来以为两个孩子只是随意看看，但日复一日，我听到她们兴高采烈地谈着书上读到的冒险、惊奇、开心、伤感……也听到她们告诉我说多么喜欢哪一位作家、哪几本书、哪一些故事情节的创意十足、哪几本经典已经被拍成电影……几十本书在她们的眼中，是一种透过阅读而自我满足的过程。"我们常说，阅读使人文雅和聪慧，是世界上最美丽的姿态。

芬兰家长鼓励孩子自我成长。我举个最常见的问题，孩子之间打架的时候，家长不会去劝架，而是忙着自己的事情，因为他们相信孩子有办法解决矛盾。假如这样的事情发生在中国，大多数家长都会急得像热锅上的蚂蚁，赶忙跑去劝架。现在想想，劝架反而不利于孩子和同伴相处。

芬兰孩子每天学习的时间很短，主要以上午上课为主。寒暑假的时候，没有家庭作业，父母会指导孩子参加一些活动，如游泳、旅游、滑雪、参观博物馆等，家长也会鼓励孩子当小时工，按工作时间付费。这些活动既锻炼了孩子的身体，开阔了孩子的视野，又使孩子习得生活技能。

教育界还向家长发出了两大倡议，即"时间比马克更重要"和"管也是爱"。呼吁家长宁愿少挣些钱，也要多抽点时间陪伴孩子，不能因为工作繁忙而放松对孩子的管教。当然，家长对孩子的管教不是将自己的意志强加于孩子，而是与孩子一起协商定下一些生活规则，如看电视的时间、阅读时间、户外玩耍时间等。

芬兰对老师的要求极高，只有那些具备硕士学历、有强烈教育热诚和钻研精神的人才能进入教师队伍。

芬兰政府鼓励家长支持学校、帮助老师，不放弃每一个学生，“因材施教”。芬兰的家长和老师对教育有相同的认识，那就是培养孩子自觉学习的能力和对生活的热情。家长对老师非常信任，并一如既往地支持老师的工作。在芬兰，教育的一个重要特点是平等，是世界上教育落差最小的国家。在家长和老师眼里，没有“优等生”和“差生”之分，每一个孩子都是平等的，老师会照顾到每一个孩子的学习进度，会为每个孩子制订特殊的教学计划。

芬兰老师认为，孩子学习有困难，那是老师的错。有些孩子由于中途插班问题，学习跟不上进度，老师为了不让任何一个孩子掉队，于是就放慢授课进度，有时候还会让其他孩子跟着这个孩子重新学习旧的知识。在这种情况下，其他孩子的家长不但没有怨言，反而鼓励自己的孩子宽容、帮助学习进度慢的孩子，让这个孩子能够在逆境中看到希望。如果孩子的学习一直跟不上进度，老师会专门为他制订教学计划，甚至会主动免费为孩子补课。

芬兰的中小学班级人数一般不会超过 20 人，老师可以自由选择教科书和教学方式。学者吴祥辉在《芬兰惊艳》中说：“芬兰的教科书，从封面到内页的每一页，页页都是精品；文字和表格工工整整，配上生动彩色的精致插图，赏心悦目。这就是教育，每一本教科书都可以成为设计、美术和美学品味的初级教本。”

芬兰老师将工作定位为“服务”，即以最大的热情为孩子们服务。每个学期的前两周，是孩子们自由选择老师的时间，不需要注册，只需要去听老师的课。两周后，孩子根据听课结果，选择自己喜爱的老师。在这样的学习过程中，孩子和老师的关系不再是长者和幼者的关系，而是亲密合作的关系，一起探讨知识的奥妙。

芬兰前总理阿赫说：“给孩子最好的教育，就是给他最好的人生。”正因为有这样的教育理念，造就了芬兰独特的教育奇迹。

贴心提示：芬兰孩子的自主学习

对芬兰孩子而言，学习不是包袱，而是一件快乐的事情。芬兰的老师认为，教育的目的是帮助孩子自立，孩子的自主学习比老师传授知识更重要。学校教育不主张竞争，不排名次，社会不助长攀比心理，使孩子们为完善自己而学习，这也是他们自主学习的重要原因。

芬兰孩子可以完全按照自己的兴趣爱好选择课程，让兴趣成为永恒的学习动力。孩子基本上能够自主学习，因为他们在童年时期打下了良好的阅读基础。老师几乎不批改作业，也不用让家长检查孩子的作业，因为每个孩子都能自己对照答案。

像犹太人那样培养天才

众所周知，犹太民族被称为“书的民族”，这个颠沛流离、饱受灾难的民族向世界贡献了大量的优秀人才，如科学家爱因斯坦、心理学家弗洛伊德、文学家卡夫卡、政治家基辛格……

我在读高中的时候，就听说犹太家长为了培养孩子的阅读习惯，在书上涂上蜂蜜，让孩子去品尝书的香甜。据说这种方法非常有效，让很多孩子从小就觉得书很甜很香。我不知道这个传闻的真假，但至少可以体现出犹太人非常重视家庭教育。

在犹太家长看来，每个孩子都是上天的恩赐，都具备独特的个性、气质、才华等，如具有经商才华的孩子，你不能强求他成为一个科学家。

犹太人认为，孩子越早学习越好。孩子很小的时候，父母会主动和孩子说话，播放音乐给孩子听，在家里布置十分精美的图画。别小看这些育儿细节，因为好的环境亦是一面镜子。

犹太人的幼儿教育从读经开始，以阅读和背诵《摩西五经》和《塔木德经》为主。孩子在很小的时候，家长就要求他背诵厚厚的《摩西五经》。或许很多人都会感到疑惑，为什么犹太人的教育要从读经开始呢？这是他们独特的教育方式，因为这些经文是犹太民族智慧的结晶。有意识地让孩子背诵经文，能够为孩子打下良好的道德基础。犹太科学家爱因斯坦早就有名言：“有一种超越一切的力量，支持着全宇宙的科学法则和自然界的运行变化，如果我们把这种力量称为上帝，那我就要向这位上帝低头。”

当然，犹太家长并不要求孩子盲从知识。孩子 4 岁时，父母就教育他世上没有标准答案，鼓励孩子独立思考，他们也不把自己的想法或观念强加给孩子，这对孩子思维的成长非常有帮助，这也难怪有那么多犹太人成为世界级的大人物。

犹太人非常注重家庭伦理。在犹太人看来，一个连父母都不尊重的孩子，将来很少会尊重身边的人。我们常说，家长和孩子要相互尊重，但这样的尊重是有一定底线的，我们不能一味纵容孩子，让孩子霸道地欺压父母。

犹太家长要求遵守家庭伦理并非恃强凌弱，而是建立在一定的规则上的。《放下孩子》一书中说：“犹太律法要求成年人为年长的父母提供饮食、衣物、住处和照料，就是说不要忽略或者遗弃父母。当孩子还小的时候，犹太律法指出他们应当：始终和颜悦色地和父母说话；别在他人面前顶撞父母；尊重父母和别人的隐私；不要占用父母的餐桌位子；尊重继父继母。”

犹太人在吃饭的时候，非常注重餐桌文化，孩子在家中有固定的餐桌位置。假如家里来客人，孩子会很有礼貌地在门口迎接打招呼，陪同客人入内，并热情地为客人提供食物和饮料。孩子在谈论他人时，必须怀有敬意。这些社交法则都是父母平日所教育的。可见，犹太人在家庭教育方面做得非常规范和细致。

犹太孩子在尊师方面如敬上帝，教师重于父母。孩子们很敬重老师，保持这样的伦理关系对于知识学习很重要，但不会影响孩子和老师之间的关系。可以说，孩子敬重老师但不将其奉为神明。老师鼓励孩子提问和质疑，正如犹太家长一样。诺贝尔奖获得者、美籍犹太人赫伯特·布朗说：“我的祖父常告诉我，为什么今天与其他日子不同呢？他总是让我自己提出问题，自己找出理由，然后让我自己知道为什么。我的整个童年时代，父母都鼓励我提出疑问，从不教育我依靠信仰去接受一件事情，而是一切都求之于理。我以为，这一点是犹太人的教育比其他人略胜一筹的地方。”

犹太人不主张过度地保护孩子。家长要过度地保护孩子源于某种焦虑和恐惧心理，一旦这种心理非常强烈，会演变为溺爱。但犹太人却不那样做，他们更愿意放下孩子，让孩子自由驰骋于天地间。

犹太人很早就告诉孩子要有危机意识。《塔木德》中说：“有十个烦恼比仅有一个烦恼好得多。”有一个故事说，孩子在三四岁的时候，大人把孩子放在窗台上，让他往下跳，大人则在下面接着。直到孩子觉得安全，便鼓起勇气往下跳，而大人果真接住了孩子。一次之后，孩子对大人产生了信任，可当孩子第三次往下跳的时候，大人不接了，孩子摔在了地上。孩子哭了，大人却笑着说：“你凭什么认为我会每次都接着你呢？”

读者看到这里，会不会觉得这一教育方式过于残忍呢？可能大家会认为孩子还小，本应该将世界美好的一面展现给孩子。“美好教育”固然重要，但让孩子从小拥有忧患意识同样重要。由此，我们也许能理解为什么犹太民族在历次灾难中都能顽强地生存下来，而且做得非常出色。

犹太人都很重视职业教育，《塔木德》上有句名言：“凡不教育子女学习职业的人，便是教育子女从事盗窃。”

犹太人是允许惩罚孩子的，因为这能纠正孩子的不良行为。犹太人对孩子的惩罚主要有三种方式：一是撤销物质性承诺，如收起孩子喜欢的玩具，不给买原来答应好的玩具等；二是撤销活动承诺，如不带孩子玩，不给孩子讲原来答应讲的故事等；三是精神上的惩罚，如批评、斥责、情感上的冷落，也就是暂时“撤回”对孩子的爱等。

犹太人认为，人要有感恩之心。父母所做的是以实际行动让孩子体会感恩的重要性。我想，无论如何，一个懂得感恩的民族，都是一个可敬可佩的民族。

我们不妨多了解一些犹太民族的教育思想，学习他们教育思想的优点，这对我们教育孩子无疑会起到一定的推动作用。

贴心提示：犹太人的理财教育

犹太人并非天生就具备理财能力，而是从娃娃抓起。等到孩子能够说话时，父母就让孩子辨认钱币。父母会带孩子去购物，让孩子明白钱的重要性。父母还会让孩子懂得钱的来之不易。

孩子稍大一点，父母便会教给其“以钱换物”的思想，并会让孩子通过打工获得零用钱。我举个简单的例子，孩子帮助家人打扫卫生、除草、跑腿、洗衣服等，都能获得相应的报酬，而这些报酬是不分年龄大小的，即一律同工同酬。

孩子到十多岁的时候，父母要他们执行开销计划，写出每一笔开销的用途，目的是让孩子知道如何恰当地使用钱，不浪费钱。

长此以往，孩子成了名副其实的“小管家”和“理财大师”。

给孩子完整的成长

德国历史上出了不少名人，比如歌德、康德、黑格尔等，德国人为世界科学、文化、经济等做出了许多贡献。德国的科研水平一直居于世界前列，这些都与德国的教育息息相关。

为了揭开德国教育的神秘面纱，我们先来看一则发生在中国课堂里的故事。据 2010 年《宁波晚报》报道，德国施威尔特综合中学一位老师带领学生在宁波某中学访问期间，上了一节“别开生面”的物理课。24 名德国学生和中国学生一起上课，可这些德国学生根本没把上课当回事，九成德国学生都在做自己的事情，听音乐的，看小说的，玩游戏的，吃薯片的，还有三名女同学竟然当着这么多听课老师的面，玩起了扑克。该中学的一位老师这样描述道：“我们经常形容一堂烂课乱得像菜场，而 ×× 老师（德国教师）执教的课，可能还不如菜场。”

亲爱的读者朋友，假如你的孩子恰好在这样的环境里学习，你会怎么想呢？我想，大多数家长都不喜欢这样的学习环境，像那位德国老师不被家长哄下台就已经万幸了。可见，中德教育存在很大的差别。

了解过德国教育的人可能都知道，德国的早期教育很有意思，既有公办幼儿园，也有私立幼儿园，而这些私立幼儿园居然是由家长自己创办和参与管理。这种现象是从20世纪70年代开始出现的，那时很多德国人认为社会改革应始于幼儿园教育，于是一些家长开始创办幼儿园进行新的教育尝试。

这种幼儿园有点标新立异，家长们先确定比较理想（即最适合孩子成长）的教育理念，然后张榜寻找拥有此理念的家长，再由家长组成董事会，在社会上招聘遴选教师。孩子入园需要申请，经过董事会研究讨论才能正式入园，各地政府更明文规定，每班只容纳15个孩子，由四五个老师负责教育。

幼儿园成立之后，董事会担负起亲师沟通的桥梁，定期召开家长会，商议各类大大小小的事务，举办各种活动。有意思的是，家长们还轮流整理草坪、打扫卫生、浇花、买菜等，忙得不亦乐乎。

德国各地政府都非常支持这一举动，纷纷给予物质上的支持，不仅让出办学用地，给予财政拨款，还利用政府的力量帮助这些幼儿园印刷教学用书。

最重要的当然是这些私立幼儿园的个性化教育了。孩子入园学习之后，家长将和老师一起设计符合孩子成长的教学和活动。他们从不让孩子过多地学习知识，而是让孩子学会玩耍，在游戏中发展体力、身体协调性、反应能力、注意力等，在嬉闹中树立自信，因为自信是孩子成长的希望，它比纯粹的知识更重要。比如，让孩子爬树，这在中国的幼儿园是非常不可思议的事情，但在德国幼儿园则是司空见惯的现象，因为爬树能锻炼孩子的胆量和体魄，让孩子品尝到自信的美妙。

德国的许多幼儿园都充满了梦幻色彩，有些幼儿园直接在树林里举办毕业典礼，主角不是老师和家长，而是孩子，毕业典礼像一个大型的聚会。孩子们在树林里自由奔跑、呼吸、庆祝、分享，这样的活动给孩子们留下了深刻的印象。

德国中小学的开学典礼同样别具特色。在每年的开学第一天，家长带孩子一起到学校或教堂参加开学典礼。这一天，孩子们穿上漂亮的衣服，聆听校长、神父的讲话，而老师、家长则会和孩子一起唱起熟悉的歌曲，目的在于让孩子对学习产生美好的印象和期待之情。

德国的学校有“家长之夜”。一般学校都会主动邀请家长参加。“家长之夜”时，家长们陆续走进孩子的班级，坐在自己孩子的座位上，聆听老师的报告，老师通常会及时告知家长学校的情况，包括学校的设施、规模、师资情况等。

在家里，父母非常重视孩子的独立性，在他们看来，孩子是一个独立的个体，是社会公民。所以，孩子很小的时候就拥有了独立的房间，与父母分房睡。父母要进入孩子的房间，必须经过孩子的同意。这都是尊重和保护个人权利的最好体现。

德国家长一般都不干涉孩子的学习和活动，他们认为这是孩子自己的事情。在德国，老师给孩子布置的作业是弹性的，孩子可以根据自己的学习程度选择一定的作业量，孩子的作业一周上交一次。这种弹性作业，最大的好处是在无形中培养了孩子的自我管理能力，使孩子意识到学习是自己的事情。能够自己独立学习的孩子，学习成绩自然不会很差。

在德国，老师通常不喜欢父母纠正孩子作业中的错误，老师都会告诉家长：请你不要教孩子功课，不要帮孩子纠正。孩子作业有错误是正常的现象，老师最希望看到孩子在作业本里的错误，这样老师就可以发现孩子的学习存在哪些问题。

当然，如果孩子比较特殊，如存在智力缺陷、阅读障碍、书写障碍等，老师才允许家长辅导孩子功课。同时，老师会指导家长如何引导孩子独立完成作业，而不是手把手地教孩子完成作业。

德国孩子在家写作业有严格的时间限制，如小学生不能超过 40 分钟。时间一到，家长便会让孩子收起作业，并帮他分析完不成作业的原因。这一规定实际上是在为孩子争取更多的自由时间，也使家长有更多的时间培养孩子的品格、兴趣和生存能力，而这也是老师所期待的教育方式。

对德国孩子来说，拥有休闲时间是一种常态。德国家长不会把孩子送去学各种才艺，而是让他们拥有更多的空余时间，孩子可以自由支配这些时间，自然会习得如何设计生活，主宰自己的人生。

人们不禁要问：德国孩子是如何支配这些空余时间的呢？对德国孩子来说，玩才是他们真正的课程，即便在学校学习，老师同样会教孩子如何学会玩耍。因为在他们看来，生活即教育，最好的课堂不是在封闭的学校里，而是在大自然中，在生活中，学校永远没有边界。

德国的中小学只上半天课，下午放假。家长为了让孩子过得充实，会让孩子去学习音乐，去参加体育运动，去教堂参加活动或做义工，意在培养孩子的爱心、耐心和奉献精神。

相对于学习而言，德国家长和老师更注重培养孩子的伦理道德，培养孩子诚实守信、宽容待人、善良等品质。家长常常把“对不起”“抱歉”“谢谢”等词挂在嘴边，以榜样的力量影响孩子的成长。不少德国家长在孩子很小的时候，就让孩子喂养小狗、小猫等动物，培养孩子关爱善待弱小生命。如果孩子虐待小动物，则会遭到大人的严厉批评，甚至惩罚。家长还鼓励孩子帮助同伴、亲人和老弱病残者。德国小学有一门特殊的课程叫“宗教与伦理”，是一种比较另类的品格教育。高年级的孩子，还会和老师一起反思德国纳粹时期的历史。这些都是活生生的品格教育。

德国的家长和老师都非常重视孩子动手能力的培养。德国的中小学校一般都开设动手实践课，如织衣、缝补、木工、种植、打铁、钳工等课程。孩子可以在学校农场里种植蔬菜水果，亲自参加劳动和管理。

德国的小学只有四年。孩子小学毕业之后，面临升学问题，有这样三类中学可供选择：高等中学、普通中学和纯职业中学。孩子的升学直接关系到他的未来，所以老师和父母都会在这个时候进行沟通。老师会把孩子的学业情况、性格特征、行为方式、兴趣爱好、特长等分析给家长听，并做升学推荐。至于孩子升到哪种类型的学校学习，最终由家长自行决定，也可以通过各种测试（主要是学习能力测试）综合考虑孩子的升学问题。至于孩子中学毕业之后，是否要继续深造，这是孩子自己的事情，德国家长一般都不干涉孩子的选择。

在德国有家长委员会，是家长联系老师的桥梁。孩子上学后，家长为了帮助孩子和老师建立信任关系，自己退居其次，而老师成为孩子的主要教育者。德国学校都会在新学期召开家长会，气氛非常活跃，老师会将学校课程安排、一些大型考试（会考等）的说明、家长委员会选举、活动事宜等告诉家长。至于家长委员会的选举，这是家长们自己的事情，老师从不干涉。

家长有权利监督老师的工作，如果发现老师不称职，家长会通过各种方式和老师取得联系，谈谈自己对老师的看法，老师当然也非常愿意接受这样的方式。

总之，德国家长教育孩子的出发点是尊重孩子，他们不会超前“透支”孩子的能力，而是在尊重孩子成长规律的基础上，逐渐挖掘孩子的潜力，仅这一点就很值得我们学习。

贴心提示：德国小学生的中午时间

德国孩子进入小学学习后，就意味着要靠自己独立生活，而老师也会抓住一切机会，鼓励孩子学会独立。

老师会让孩子们独立进餐。他们有三个午餐时间，分别是中午12点、下午1点、下午2点，孩子们可以根据自己的情况选择时间段进餐，老师从不强迫孩子一定要在某个时间段进餐。如果孩子还不会吃饭，老师也不会给孩子喂饭，而是鼓励孩子学习自己进餐，第一次不会，第二次肯定能学会。

德国孩子也有午睡的安排，但更尊重孩子的意愿，如果孩子不愿意午睡或睡不着，可以直接出去玩耍，或去听听音乐、看看书，但不可干扰其他孩子午休。

可见，德国人对孩子相当宽容，而这样的教育方式，的确有利于培养孩子的独立自主能力。

图书在版编目（CIP）数据

高情商沟通，孩子才不受伤 / 何贤桂著. —北京：中国法制出版社，2019.3

ISBN 978-7-5216-0009-4

Ⅰ. ①高… Ⅱ. ①何… Ⅲ. ①家庭教育 Ⅳ. ①G78

中国版本图书馆CIP数据核字（2019）第021491号

策划编辑：李　佳（amberlee2014@126.com）

责任编辑：王　悦（wangyuefzs@163.com）　　封面设计：汪要军

高情商沟通，孩子才不受伤

GAO QINGSHANG GOUTONG，HAIZI CAI BU SHOUSHANG

著者 / 何贤桂

经销 / 新华书店

印刷 / 三河市紫恒印装有限公司

开本 / 640毫米 × 960毫米　16开　　印张 / 16.5　字数 / 214千

版次 / 2019年3月第1版　　2019年3月第1次印刷

中国法制出版社出版

书号ISBN 978-7-5216-0009-4　　定价：42.00元

北京西单横二条2号　邮政编码100031　　传真：010-66031119

网址：http://www.zgfzs.com　　编辑部电话：010-66034985

市场营销部电话：010-66033393　　邮购部电话：010-66033288

（如有印装质量问题，请与本社印务部联系调换。电话：010-66032926）